UNIVERSITÉ DE LILLE — FACULTÉ DE DROIT

DE LA COMBINAISON

DU

RÉGIME DE LA COMMUNAUTÉ

AVEC LE

RÉGIME DOTAL

THÈSE POUR LE DOCTORAT

PAR

Léon THÉRY

AVOCAT

Lauréat de la Faculté

CAMBRAI

IMPRIMERIE FERNAND ET PAUL DELIGNE

1897

DE LA COMBINAISON

DU

RÉGIME DE LA COMMUNAUTÉ

AVEC LE

RÉGIME DOTAL

UNIVERSITÉ DE LILLE — FACULTÉ DE DROIT

DE LA COMBINAISON

DU

RÉGIME DE LA COMMUNAUTÉ

AVEC LE

RÉGIME DOTAL

THÈSE POUR LE DOCTORAT

L'ACTE PUBLIC SUR LES MATIÈRES CI-APRÈS

sera soutenu le Vendredi 11 Juin 1897, à 2 heures 1/2

PAR

Léon THÉRY

AVOCAT

Lauréat de la Faculté

PRÉSIDENT : M. FÉDER, *professeur.*

SUFFRAGANTS : MM. VALLAS, *doyen.*
MARGAT, *chargé de cours.*

CAMBRAI

IMPRIMERIE FERNAND ET PAUL DELIGNE

1897

La Faculté n'entend donner aucune approbation ni improbation aux opinions émises dans les thèses ; ces opinions doivent être considérées comme propres à leurs auteurs.

FACULTÉ DE DROIT DE LILLE

Enseignement

MM. Vallas (O. I. ✿), doyen, professeur de droit civil.
de Folleville (O. I. ✿), professeur de droit civil.
Drumel (✱, O. I. ✿), professeur de droit romain.
Féder (O. I. ✿), professeur de droit civil.
Garçon (O. I. ✿), professeur de droit criminel.
Lacour (O. I. ✿), professeur de droit commercial.
Bourguin (O. I. ✿), professeur de droit administratif.
Mouchet (O. I. ✿), professeur de droit romain.
Jacquey (O. A. ✿), professeur d'histoire du droit.
Deschamps (O. A. ✿), professeur d'économie politique chargé de cours à la Faculté de Paris.
Wahl (O. A. ✿), professeur de procédure civile.
Jacquelin, agrégé chargé de cours.
Peltier, agrégé chargé de cours.
Collinet, agrégé chargé de cours.
Dubois, chargé de cours.
Margat, chargé de cours.

Administration

MM. Vallas (O. I. ✿), doyen.
Mouchet (O. I. ✿), assesseur.
Sanson (O. A. ✿), secrétaire.

Doyens honoraires

MM. Drumel (✱, O. I. ✿), sénateur des Ardennes.
de Folleville (O. I. ✿), député de la Seine-Inférieure.

Secrétaire honoraire

M. Provansal (O. I. ✿).

DE LA COMBINAISON

DU

RÉGIME DE LA COMMUNAUTÉ

AVEC LE

RÉGIME DOTAL

INTRODUCTION

De tous les contrats pécuniaires qu'une personne peut avoir à conclure dans le cours de sa vie, le contrat de mariage est, sans contredit, le plus important, car à la société de personnes que crée le mariage, il vient joindre une société de biens. Il réunit d'une façon plus ou moins intime, et pour toute la durée de la vie conjugale, deux patrimoines qui, à sa dissolution, doivent redevenir distincts ; il règle, relativement à leurs intérêts, la situation respective des deux époux l'un vis-à-vis de l'autre ; il limite même quelquefois les droits des tiers. Et c'est à ces dispositions, que les futurs auront arrêtées devant le notaire avant de se rendre devant l'officier d'état civil, que les époux devront se conformer pendant tout le cours de la vie conjugale;

que les tiers, acquéreurs ou créanciers qui auront contracté avec eux, devront se soumettre ; que les héritiers du prédécédé des deux époux devront obéir pour établir et liquider les droits de leur auteur. Aussi a-t-on pu dire, avec juste raison, que le contrat de mariage était véritablement, pour les deux conjoints qui l'avaient signé, « la charte du foyer domestique ».

Les rédacteurs du Code civil ne se sont pas mépris sur l'importance de ce contrat, et ils l'ont traité avec une attention toute particulière. Tout en laissant aux parties une liberté de stipuler presque complète, ils ont soumis à leur approbation quatre types de contrat, quatre collections de principes, répondant à des aspirations différentes, mais formant chacune dans son ensemble un tout homogène et complet. Ces quatre régimes matrimoniaux divers sont :

Le régime de la communauté, où les époux, confondant tout ou partie de leur fortune, constituent un fonds commun qui appartient pour moitié à chacun d'eux, mais sur lequel le mari a un droit absolu d'administration et un droit presque complet de disposition ;

Le régime d'exclusion de communauté, où les époux conservent chacun de leur côté le patrimoine qui leur est propre, et où les biens de la femme sont administrés par le mari ;

Le régime de la séparation de biens, où chacun conserve et administre séparément son patrimoine ;

Le régime dotal enfin, où les biens de la femme

sont, tout en restant propres et distincts, livrés, en totalité ou en partie, au mari qui en a la libre administration et la complète jouissance, mais sous des garanties spéciales qui en assurent la conservation.

De ces quatre régimes, il en est un, le premier, qui établit entre les époux une véritable société de biens, les unissant l'un à l'autre jusque dans leurs intérêts pécuniaires. Quant aux trois autres, ils conservent et perpétuent, sous des variantes plus ou moins grandes, la distinction complète et totale des patrimoines, laissant les conjoints respectivement isolés. Parmi ceux-ci, c'est le régime dotal qui donne le plus de sécurité à la femme, puisque, par des garanties spéciales, il lui assure d'une façon certaine la restitution de ses apports. Le bon sens populaire a du reste fait justice des qualités et des défauts de chacun d'eux, car le régime de la communauté et le régime dotal sont les plus généralement adoptés; on pourrait presque dire les seuls adoptés, tant il est rare de trouver, dans la pratique des affaires, des contrats de mariage stipulant l'exclusion de la communauté ou la séparation de biens. Ces deux régimes, le régime de la communauté et le régime dotal, ont des aspirations opposées; ils tendent à des résultats différents, et les conjoints choisissent l'un ou l'autre, selon leur milieu, leurs tendances et leurs besoins.

Le régime dotal est celui qui assure le plus efficacement la conservation de la dot de la femme et sa restitution à la dissolution de la société conjugale. Sous ce régime, la femme, ou ses parents pour elle, n'ont rien à craindre des agissements et des dilapidations du mari. Son patrimoine, ou plus exactement ce qu'elle se constitue en dot, doit toujours se retrouver dans son intégralité primitive, car il est mis à l'abri de toutes les vicissitudes de la vie conjugale. Que le mari soit déclaré en faillite, que la femme elle-même fasse de mauvaises affaires, peu importe ; elle, ses enfants ou ses héritiers retrouveront toujours ce patrimoine familial rendu intangible. Dans un siècle, où l'amour quelquefois exagéré de la spéculation et des gains rapides fait sombrer les plus grandes fortunes, et où l'esprit d'aventure fait jeter follement dans des industries téméraires et hasardées des sommes d'argent considérables, la certitude de savoir, que, dans l'abîme le plus profond de la débâcle, il restera toujours, quoi qu'on fasse, une part de patrimoine suffisante pour nourrir et élever convenablement la famille, n'est pas sans attraits et est bien de nature à séduire le père de famille qui, en mariant et en dotant sa fille, craint de livrer la fortune qu'il a péniblement acquise à un gendre imprudent et léger.

Mais, par contre, cette sécurité que la femme trouve sous le régime dotal, elle l'achète bien cher. Sous ce régime, la loi protège la femme comme s'il s'agissait d'un être incapable, et cette protection qu'on lui accorde finit par se retourner contre elle. Sans doute, son patrimoine ne peut être entamé par la mauvaise gestion ou les dilapidations du mari, mais, par ce fait même que ses intérêts sont séparés et mis à l'écart, elle se trouve condamnée à l'inaction, et non seulement elle est impuissante à acquérir, mais elle ne peut même pas prétendre à une part quelconque des bénéfices que, sans elle, le mari n'aurait généralement pas réalisés. De telle sorte que dans cette société où les personnes se trouvent unies de la façon la plus étroite et la plus intime, il n'y a entre ces mêmes personnes si indissolublement liées l'une à l'autre, aucun rapprochement d'intérêts, aucune communauté d'affaires pécuniaires. N'est-ce pas là un résultat véritablement contre nature ! De plus, la loi assure la restitution de la dot ; mais pour cela, elle la frappe d'une immobilité presque absolue et empêche de la faire fructifier. Il est interdit à la femme de s'obliger sur ses biens dotaux ; elle ne peut même pas, avec l'autorisation de son mari, en consentir l'aliénation. A cette règle prohibitive, il y a bien quelques exceptions ; mais alors les formalités judiciaires qui précèdent et entourent la vente sont si compliquées, si comminatoires, si onéreuses, qu'elles finissent par détourner les amateurs et par ruiner la personne en faveur de qui elles sont introduites. Il n'y a pas, du reste, que les biens de la femme qui soient ainsi voués à une inaction passive ; la protection qui lui est accordée immobilise en même temps les biens personnels du mari, puisqu'elle les grève d'une hypothèque légale qui, même dans le cours du mariage, et pour une hypothèse déterminée, ne peut être levée par aucune renonciation. Il s'en suit dès lors que tous les biens patrimoniaux sont, soit directement, soit indirectement, frappés d'une immobilité générale, et comme tels placés en dehors de la circulation et pour ainsi dire retirés de la richesse publique ; et il en résulte que les deux époux sont également voués tous deux à l'inaction et mis dans l'impossibilité d'agir pendant toute la durée du mariage, c'est-à-dire durant l'âge de la force et de l'activité.

Ce régime, qui nous vient des Romains, s'adaptait parfaitement à cette société païenne où le commerce était restreint, le divorce aussi fréquent que facile, et la femme réputée incapable *(propter fragilitatem sexus)*; et s'il est resté encore si vivace dans notre société moderne civilisée, c'est qu'il était doué de cette solidité à toute épreuve que le génie romain savait imprimer à ses œuvres, et que de tous les régimes matrimoniaux, il répond le mieux à ce vœu, qui était si cher à nos ancêtres et qui sera toujours vrai : *Interest reipublicæ dotes mulierum salvas esse.*

Le régime de la communauté, qui est, au contraire, d'origine relativement moderne, n'a pris et n'a pu prendre naissance qu'au jour où le bon sens des peuples, s'unissant au droit naturel, a proclamé l'égalité de l'homme et de la femme. Le propre de ce régime est, en effet, de faire de la femme l'associée du mari et son fidèle collaborateur. A l'inverse du régime dotal qui sépare et isole, le régime de la communauté rapproche et confond les patrimoines des deux époux. Il identifie leurs intérêts en décrétant que tout leur sera commun, et il établit entre eux une société de biens si étroite, qu'au point de vue pécuniaire, il leur donne à tous deux les mêmes intérêts jusque dans les plus petits détails et les unit réciproquement à un tel point que souvent ils ne peuvent rien faire l'un sans l'autre. La femme incapable ne peut rien faire sans l'autorisation maritale, et le mari grevé d'une hypothèque légale ne peut ni engager, ni échanger, ni aliéner un immeuble, qu'il soit propre ou commun, sans le concours de sa femme. Cette participation assidue de la femme au gouvernement du ménage réalise alors l'union intime qui doit exister entre deux conjoints : le mari y représente l'esprit d'innovation et d'entreprise ; la femme, au contraire, l'esprit de prudence et de conservation ; et de cette façon se trouvent toujours réunis les deux éléments qui assurent le progrès à la famille comme à la société.

Tout en faisant de la femme l'associée du mari, le législateur n'a pas oublié que, des deux associés, elle était le plus faible et avait besoin de protection. C'est ainsi que, outre son hypothèque légale, la loi lui donne : le droit exceptionnel de demander, par une instance en séparation de biens, la dissolution de la société avant l'expiration du terme, et ce privilège exorbitant de pouvoir à son gré, ou accepter la communauté, si elle a été féconde, et en partager les bénéfices, ou répudier cette même communauté si elle a été mauvaise, et se dérober au paiement des dettes qui la grèvent. Mais ces garanties une fois données à la femme, la loi n'impose à la liberté des conjoints aucune entrave ; ils peuvent, soit seuls, soit d'un commun accord, faire tout ce qu'ils veulent : aliénation, échange, emprunt, renonciation, tout leur est permis. Cette liberté d'allures, si nécessaire et si féconde pour favoriser le commerce et faciliter le développement de la richesse, n'est pas toutefois sans être dangereuse pour la femme, car une signature imprudemment donnée peut compromettre la protection qui lui est accordée et faire écrouler tout cet échafaudage de garanties que l'on pouvait croire si solidement établi. La femme peut, en effet, pendant le mariage et par disposition individuelle, renoncer à son hypothèque légale, voire même la céder ; et alors ce sont ses créanciers personnels, ou plus généralement les créanciers de son mari, qui, au moment de la liquidation, se paieront avant elle. Elle peut aliéner ses propres biens, et si le prix en est dissipé par le mari, à quoi lui servira son action en reprises, toute privilégiée qu'elle est, quand il ne restera plus aucun bien pour en supporter utilement l'exercice ! Enfin la femme peut s'obliger personnellement pour son mari, soit à titre solidaire, soit à titre de caution, et les privilèges que la loi lui accorde lui deviennent alors nuisibles, car en vertu de l'article 1166, ses créanciers, qui ne sont autres que les créanciers du mari, s'en emparent et les exercent en son lieu et place. Sans doute, pour tous ces actes, il faut son propre consentement, et le mari ne peut rien faire à lui tout seul. Mais si la femme ne peut ou ne sait (ce qui arrivera souvent) résister aux objurgations d'un mari dissipateur et aux abois, elle se trouve entraînée avec lui sur la pente glissante de la ruine, et quand finalement arrive la débâcle, le désastre est complet. Le mari a gaspillé, avec ses biens propres, le patrimoine de la communauté et la fortune personnelle de sa femme, et il ne reste plus rien pour cette pauvre femme et ses enfants, qui, malgré leur innocence, sont voués à la pauvreté et à son cortège inévitable de souffrances et de douleurs.

En résumé, le régime dotal assure la conservation de la dot, mais il sépare la femme du mari et les voue tous deux à l'inaction, en les paralysant dans leurs mouvements. — Le régime de la communauté unit étroitement les deux conjoints l'un à l'autre et leur laisse la plus grande liberté d'allures, mais il omet de protéger efficacement la femme contre son mari et la prédestine à la ruine. Ils ne se rapprochent l'un de l'autre que par un point : c'est que, dans leurs tendances exclusives, ils possèdent à un trop haut degré les défauts de leurs qualités et ne peuvent réellement, ni l'un ni l'autre, donner, avec nos mœurs actuelles, satisfaction complète.

Le mieux ne résiderait-il pas dans un juste milieu, ou, pour mieux dire, dans un régime conventionnel éclectique, où, par une sélection intelligente et raisonnée des principes matrimoniaux, les parties arriveraient à réunir les divers avantages de ces deux régimes : liberté d'allures et conservation de la dot, sans en prendre en même temps les inconvénients ? Cette combinaison pourrait se faire de deux manières (je laisse de côté les combinaisons qu'on pourrait faire avec le régime d'exclusion de communauté et le régime de la séparation de biens, puisque ces deux régimes isolent, comme le régime dotal, le mari de la femme, et finalement lui sont inférieurs) : Ou bien on adopterait le régime dotal et on en atténuerait les rigoureuses entraves par des emprunts faits au régime de la communauté ; ou bien on stipulerait le régime de la communauté et on assurerait la conservation de la dot de la femme par l'adoption de quelques garanties propres au régime dotal.

Le premier de ces deux modes de combinaison est formellement permis par un article de notre Code civil, l'article 1581, et la jonction d'une société d'acquêts au régime dotal, l'altération de ce régime par des clauses autorisant : soit l'aliénation des biens dotaux, soit leur hypothèque, soit pour la femme la faculté de renoncer pendant le mariage à son hypothèque légale, sont des stipulations trop anciennes et trop fréquentes, et par suite trop connues et trop étudiées pour qu'elles puissent faire l'objet de quelque commentaire utile. Au surplus, ce procédé de combinaison paraît inférieur au suivant, car, si au point de vue général il arrive aux mêmes conséquences que l'autre, il lui reste inférieur dans la pratique. C'est qu'en effet, dans cette combinaison, le régime dotal est, pour les époux, leur régime de droit commun, et dans tous les cas pour lesquels il n'aura pas été prévu dans le contrat de mariage de dérogation expresse, c'est le régime dotal, et par conséquent le régime de la gêne et des entraves qui continuera à s'appliquer.

Il semble donc plus utile de s'attacher uniquement, dans ce Mémoire, à la combinaison du régime de la communauté avec le régime dotal. De savants jurisconsultes, et entre autres, pour ne citer que les contemporains, MM. Demolombe (1) et De Folleville (2) ont vanté les bienfaits d'un tel régime. Et comme dans notre société moderne, qui est toute d'activité commerciale, et, il faut bien le dire aussi, un peu d'aventures, il importe de laisser aux époux toute la part de liberté qui reste compatible avec les restrictions qu'exige la conservation de la dot, il nous a paru intéressant d'étudier ce régime mixte qui semble réaliser ce double vœu ; et voilà pourquoi

---

(1) M. Demolombe (*Revue critique*, année 1851, page 716) : « Cette combinaison des principes du régime de la communauté et de l'inaliénabilité du régime dotal produit en définitive une convention matrimoniale excellente qui emprunte à la communauté ce caractère confiant et conjugal qui unit les époux dans les mêmes espérances de fortune, sans livrer pourtant le patrimoine personnel de la femme à tous les périls auxquels ce régime tout seul ne la laisse que trop exposée. »

(2 M. de Folleville (*Contrat de mariage*, tome Ier, nos 11 et 11 bis) : « D'ailleurs, la stipulation dont nous nous occupons est désirable, car elle a pour objet de parer aux éventualités de l'avenir et aux désastres que pourraient entraîner des spéculations aventureuses du mari. »

Dans le même sens : Toullier, tome XII, no 372 ; — Bartin, *Etude sur le régime dotal*, préface, page XII ; — Un jugement du Tribunal de Barbézieux, en date du 31 août 1846 (*S.* 49-2-481 et *D.* 48-2-241).

nous nous sommes proposé : 1° de rechercher tout d'abord qu'elle en était l'origine, quel est le principe qui consacre sa validité et quelles sont les conditions apportées à cette validité; 2° d'étudier ensuite, ces principes une fois posés, les différentes stipulations qui réalisent cette combinaison dans l'évolution que leur a donnée la jurisprudence, et dans les conséquences juridiques que rationnellement on doit leur attribuer.

PREMIÈRE PARTIE

De la combinaison du régime de la communauté avec le régime dotal

CHAPITRE PREMIER

APERÇU HISTORIQUE SUR L'ORIGINE DE LA COMBINAISON

L'idée de stipuler un régime mixte, et notamment de combiner le régime de la communauté avec une ou plusieurs dispositions empruntées au régime dotal, ne vint à l'esprit des praticiens que postérieurement à la promulgation du Code civil. Les premières décisions judiciaires qui aient été rendues à l'occasion de pareilles stipulations ne datent guère que de 1830 ; et si, d'autre part, l'on examine l'état du Droit avant la rédaction de notre Code, on acquiert la certitude que, si, avant cette époque, quelqu'un avait eu l'idée de faire une telle convention, les Parlements n'en auraient certes pas admis la validité.

Avant la promulgation du Code civil, la France était, en effet, divisée en pays de droit écrit et en pays de droit coutumier. A force d'avoir été répétée, cette vérité historique en est devenue banale : on ose à peine la reproduire, et pourtant il semble indispensable d'insister quelque peu sur ce point.

Les pays de droit écrit vivaient sous le régime dotal. Ils avaient emprunté cette institution juridique au droit romain, auquel ils étaient restés fidèles ; mais, avec le temps, ils l'avaient dénaturé, ils avaient même fini par en changer le caractère primitif. Comme le dit un savant jurisconsulte, M. Valette, il est curieux de voir quel énorme développement a pris, dans le cours des âges, le règlement de la loi d'Auguste *(Loi Julia de fundo dotali)* relativement aux immeubles dotaux. Auguste s'était borné à défendre au mari, réputé propriétaire de la dot, d'aliéner l'immeuble dotal sans le consentement de la femme et de l'hypothéquer, même avec le consentement de celle-ci. Justinien, voulant protéger la femme non plus déjà pour elle-même, mais pour ses enfants, défendit d'une façon absolue l'aliénation comme l'hypothèque. En passant dans notre ancien droit, ces prohibitions ne firent que s'aggraver. Pour empêcher, disait-on, les aliénations indirectes, on n'admit plus que les obligations contractées par la femme durant le mariage puissent, même après la dissolution de la vie conjugale, être exécutées sur le fonds dotal. De plus, les mots « fonds dotal » avaient fini par s'étendre à la dot même mobilière, de telle sorte qu'avec toutes ces entraves, la femme était devenue incapable de faire sur ses biens dotaux un acte quelconque de disposition (1). Malgré le silence ou l'obscurité du Code, notre Cour de Cassation a suivi la tradition des anciens Parlements et en a maintenu la jurisprudence. Seulement, les besoins de la vie journalière l'ont forcée à la modifier et l'ont amenée à créer, à l'instar du législateur, toute une théorie sur les pouvoirs d'administration du mari, en ce qui concerne notamment l'étendue de ses droits sur la dot mobilière.

Dans les pays dits de coutume, le régime de la communauté était, au contraire, seul en vigueur. Sans doute il était loin d'être uniforme : d'une province à l'autre, il y avait de nombreuses différences. Mais comme, au fond, les principes généraux se retrouvaient presque partout les mêmes, il y avait en réalité dans le dernier état des choses, — si l'on fait, bien entendu, abstraction de toutes ces variantes de détail qui sont la conséquence nécessaire d'un droit coutumier, — pour toutes les provinces situées au-dessus de la Loire, un régime matrimonial commun, que les coutumes consacraient, chacune dans leur ressort, comme une loi territoriale, obligatoire pour quiconque n'y avait pas formellement dérogé. Les principes de ce régime étant ceux du Code, il semble inutile d'insister plus longtemps.

Il y avait toutefois, dans les pays de droit coutumier, une province qui, au point de vue matrimonial, avait une législation originale, surpre-

---

(1) Voir Tessier, *Traité de la dot*, tome Ier, no 58 et note 499.

nante même, qui imposait à ses sujets un régime spécial qui n'était réellement ni le régime de la communauté, ni le régime de la dotalité. C'est la coutume de Normandie. Il est nécessaire d'en dire immédiatement quelques mots, car plus tard on aura à critiquer la jurisprudence des Parlements de ce pays et à en apprécier l'influence. En Normandie, les époux ne sont pas communs en biens : la femme a seulement droit à la moitié des acquêts en bourgage (c'est-à-dire des biens situés dans l'enceinte des villes et des bourgs), article 329 (1) de la coutume, et il lui est interdit de stipuler une communauté plus étendue, on pourrait dire moins restreinte, article 330 (2). Elle ne peut aliéner elle-même sa dot, et si elle consentait un acte de cette nature, elle pourrait le faire révoquer par « le bref du mariage encombré » (3), article 537. Le mari peut aliéner la

---

(1) Article 329. — La femme, après la mort du mari, a la moitié en propriété des conquêts faits en bourgage constant le mariage.

(2) Article 330. — Quelque accord ou convenent qui ait été fait par contrat de mariage et en faveur d'icelui, les femmes ne peuvent avoir plus grande part aux conquêts faits par le mari que ce qui leur appartient par la coutume à laquelle les contractants ne peuvent déroger.

(3) Bref de mariage encombré. — Par bref, il faut entendre lettre de chancellerie, action judiciaire, exploit ; par mariage, les immeubles apportés et acquis pendant le mariage ; par encombré, aliéné. Le bref de mariage encombré, dit Basnage (*Commentaire sur la coutume de Normandie*, tome II, page 452), équipolle à une réintégrande pour remettre les femmes en possession de leurs biens, même que dûment aliénés durant leur mariage, et doit être intentée par elles ou leurs héritiers dans l'an et jour de la dissolution du mariage, sauf à eux à se pourvoir après l'an et jour, par voie propriétaire.

dot de la femme, mais la faculté d'aliéner qui lui est concédée a pour corollaire l'obligation stricte d'employer d'une manière sûre et réelle les deniers provenant du bien dotal aliéné (1). Cette obligation de remploi constitue même une charge réelle, une sorte d'hypothèque de remplacement qui affecte la chose elle-même et qui est de nature à rejaillir contre les tiers. Toutefois, le droit qui en résulte pour la femme de recourir contre l'acquéreur du bien dotal non remployé, ne lui ouvre qu'une action subsidiaire : elle ne peut l'exercer que s'il lui est impossible de s'indemniser sur les biens du mari, et ne peut jamais qu'obtenir le juste prix de l'immeuble, si l'acquéreur n'aime mieux délaisser. Un tel régime, qui s'éloigne autant de la communauté et qui a de telles affinités avec le régime dotal, étonne et surprend dans une province qui n'a jamais subi l'influence romaine, et que, par son entourage et sa situation géographique, on pourrait appeler « pays de coutume ». Aussi ne peut-on s'empêcher de se demander

---

(1) Article 538. — La femme ne peut aliéner seule ; mais même avec l'autorisation de son mari, elle ne peut en principe ni engager, ni hypothéquer ses biens.

Article 539. — Si la dot de la femme a été aliénée en tout ou en partie, et que les deniers ne soient convertis à son profit, elle aura récompense du juste prix sur les biens du mari, du jour du contrat et célébration d'icelui.

Article 140. — Et si la femme ne pouvait avoir sa récompense sur les biens de son mari, elle peut subsidiairement s'adresser contre les tiers détenteurs dudit bien, lesquels ont option de le lui laisser ou lui payer le juste prix à l'estimation de ce qu'il pouvait valoir lors du décès de son mari.

comment cette institution, qui paraît si anormale, a pu prendre naissance et persister avec autant de vigueur.

M. Glasson paraît avoir trouvé la vraie réponse en comparant le droit normand au droit anglo-normand. Voici, au surplus, résumées en quelques mots, les explications qu'il consacre dans l'un de ses ouvrages (*Histoire du droit et des institutions de l'Angleterre,* tome II, chapitre IV, § 58) à cette curieuse question d'histoire du droit :

Les Normands, ces pirates de la mer qui ravagèrent si longtemps les rivages de la Neustrie, n'ont jamais, dans leur vie de brigandages et d'aventures, ni appris le respect dû à la femme, ni connu la dignité de la mère et de l'épouse. Pour eux, la femme n'est pas l'égale du mari, elle est, au contraire, son inférieure et sa subordonnée en tout (1). Dès lors, entre eux pas ou presque pas de communauté possible. Bien plus, comme sa personne est confondue dans celle de son mari, elle manque de personnalité juridique et ne peut dès lors consentir valablement l'aliénation de ses biens. Mais comme, d'autre part, le mari n'a pas en lui-même la capacité voulue pour aliéner les biens de sa femme, et qu'en faisant un acte de cette nature il outrepasse ses pouvoirs, il doit indemniser sa femme du préjudice que l'alié-

(1) Sa feme et lui ne sont fors que un person en loy, et ne peuvent femmes rien avoir pour elles que tout ne soit à leur mari. Aucun n'est tenu à faire loy pour simple bature qu'il ait faite à sa femme, car l'on doit entendre qu'il le fait pour la chastier.

nation lui cause, et répondre de cette obligation sur ses propres biens, s'il ne lui a fourni un remploi utile. Ce n'est qu'à défaut de l'une et de l'autre de ces compensations, que la femme peut recourir contre l'acquéreur. Le régime normand se rapproche ainsi, par ses conséquences, du régime dotal. Mais ici, ce n'est pas, à vrai dire, le bien dotal qui, pour des motifs d'ordre public, est inaliénable en soi ; et si, en Normandie, on arrive à des résultats qui rappellent de très près la dotalité, c'est par voie indirecte, et pour des raisons spéciales qui tiennent aux mœurs et à la civilisation du pays.

Entre ces différentes coutumes, c'est-à-dire entre la législation des pays de droit coutumier et celle des pays de droit écrit, il y avait bien communauté sur plusieurs points de droit : ainsi, les pays coutumiers empruntaient la théorie des obligations et celle de certains contrats aux lois romaines, qui exerçaient alors, sous le titre honorable de raison écrite, toute la puissance d'une loi générale ; de même, pour les hypothèques, les donations et testaments, les provinces de droit écrit s'étaient soumises au même régime législatif que les provinces de coutumes. Mais, pour les conventions de mariage, il n'y avait eu aucun rapprochement : les deux peuples avaient conservé avec un égal attachement, on pourrait dire avec une égale superstition, l'un ses propres et sa communauté, l'autre sa dot et ses paraphernaux. « Jamais cette barrière n'a pu être renversée », dit Duveyrier, rapporteur au Tribunat (Fenet, tome XIII, page 691). Il était bien permis, dans chaque coutume, d'apporter des changements au régime de droit commun usité dans la province, mais il ne s'agissait jamais que de dérogations accessoires, toujours insuffisantes pour modifier le régime adopté dans ses parties essentielles. On pouvait aussi, si l'on habitait une province du Midi, placer son contrat de mariage sous l'influence d'une coutume volontairement adoptée. Mais il serait difficile, dit Duveyrier, de trouver dans un pays de droit écrit un contrat de mariage stipulant les principes de la communauté (1). A plus forte raison était-on loin de songer à combiner ces deux régimes l'un avec l'autre.

C'est à cette même conclusion que l'on aboutit forcément si on étudie quelque peu les ouvrages de droit publiés pendant cette période. Ainsi, Tessier nous apprend qu'on peut atténuer les rigueurs du régime dotal en permettant l'aliénation des fonds dotaux ou en autorisant la femme à renoncer à son hypothèque légale ; de même, Argou (*Institution au Droit français*, livre III, chapitre III) et Renusson parlent des modifications qu'on peut apporter aux

(1) Il était toutefois en usage, dans certains pays de droit écrit, et principalement dans le ressort du Parlement de Bordeaux, de joindre au régime dotal une société d'acquêts. Mais il n'est pas sûr que ce soit là une véritable combinaison du régime dotal et du régime de la communauté. Cette convention serait plutôt une réminiscence de la loi romaine elle-même, qui tolérait la société de biens ; et ce qui tendrait à rendre cette explication vraisemblable, c'est que le mot « acquêt » n'était pas connu en pays coutumier. (Voir Fenet, tome XIII, pages 764 et 765.)

principes ordinaires de la communauté par la stipulation d'une clause de réalisation, d'ameublissement, de préciput. Mais aucun d'eux ne parle de combiner ces deux régimes l'un avec l'autre et de les allier dans leurs principes essentiels. A cette époque, une telle combinaison aurait sans doute été considérée comme (pour reprendre l'heureuse expression de M. VALETTE) « une monstruosité juridique ».

Il paraît pourtant qu'on avait songé à fortifier les garanties d'une femme commune par une clause de remploi qui, impérativement stipulée, eût été, comme sous le régime dotal, obligatoire pour le mari. Mais cette convention, portant atteinte à la liberté traditionnelle d'administration du mari, n'avait pas paru possible, et on avait alors essayé d'arriver indirectement au même résultat par la stipulation de clauses pénales qui consistaient à faire exercer la reprise de la femme sur la part du mari dans la communauté et non sur la masse des biens communs, dans le cas où le remploi n'aurait pas été effectué pendant le mariage. Cette clause, qui n'était pas la clause de remploi telle qu'elle est conçue sous le régime dotal, ne donnait évidemment pas d'action à la femme pour contraindre le mari à effectuer le remploi, mais elle était de nature à exciter le mari à faire le dit remploi, dans son intérêt personnel, avant la dissolution de l'union conjugale. Du reste, l'auteur (1) qui nous rapporte cette

---

(1) ASTOUL : *Principes de la sanction de l'obligation d'emploi ou de remploi des biens de la femme mariée*, page 206.

tentative ajoute : « Il n'est pas certain que la validité « de cette clause eût été admise. » — D'autre part, Duplessis semble avoir été consulté sur la question de savoir si l'on pouvait stipuler l'inaliénabilité des immeubles de la femme. On ne sait pas toutefois si la future se proposait d'adopter en même temps le régime de la communauté. Néanmoins, Duplessis, ne se trouvant éclairé par aucun précédent, n'admet l'affirmative qu'après de longues hésitations et sous les plus grandes réserves (Duplessis, *48e consultation*, tome II, page 313). Aussi n'est-ce réellement, selon nous, qu'après la promulgation du Code civil, que l'on eut la pensée, et qu'il fut permis d'insérer, sous un régime de communauté, une clause empruntée au régime dotal.

Le Code civil, en effet, fixa d'une façon définitive les principes de l'un et l'autre de ces régimes. Ces principes, constatés par écrit et promulgués dans toute la France, furent dès lors facilement connus et appréciés. De plus, le fait de trouver dans la loi ces deux régimes, jusqu'alors exclusifs, publiés côte à côte et sur le même pied d'égalité, ne fut pas sans influence sur la rédaction des contrats de mariage. Comme les parties étaient libres d'adopter indifféremment l'un ou l'autre de ces régimes, et qu'il leur était en outre permis de modifier le régime de leur choix par telles conventions qui leur plaisaient, on ne se contenta plus d'adopter, par exemple, le régime de la communauté légale et de le corriger par une clause d'ameublissement, de réalisation ou de préciput; on songea à compléter ce même régime par une clause, qui, bien qu'empruntée au régime dotal dont on avait repoussé le principe, semblait bonne et utile, par une clause de remploi ou d'inaliénabilité, par exemple. Cette clause était déclarée légale : la lecture du Code en révélait l'existence et la formule. Il n'en fallait pas plus pour en suggérer l'emploi, même à des époux communs en biens. L'idée de la combinaison du régime de la communauté et du régime dotal était née. Il restait à voir si cette convention, qui aurait été certainement annulée par nos anciens Parlements, allait être admise sous la législation du Code civil. L'article 1387 répond affirmativement à la question, et la liberté des conventions matrimoniales paraît être le principe de la validité de cette combinaison.

CHAPITRE II

DE LA VALIDITÉ DE LA COMBINAISON DANS LES RAPPORTS DES ÉPOUX ENTRE EUX

La liberté des conventions matrimoniales existait déjà dans notre ancien droit : ainsi, il était permis, on l'a vu, et d'adopter indifféremment le régime de la communauté ou le régime dotal, et de modifier ensuite le régime choisi par les clauses alors en usage. Mais cette liberté, sans doute mal définie par la coutume, n'était pas entrée dans les mœurs : elle était mal interprétée, on ne lui donnait qu'une application aussi étroite que restreinte, et c'est ce qui explique pourquoi une convention matrimoniale de combinaison, qui n'aurait pas été admise par les Parlements, allait être déclarée valable par ces mêmes tribunaux après la promulgation du Code civil. En reprenant cette idée de la liberté des conventions matrimoniales, les rédacteurs du Code l'ont en effet précisée et transformée : ils l'ont enfermée dans une formule si nette et si large, article 1387 (1), que ce qui n'était autrefois qu'une tolérance dont on usait peu ou pas, devenait avec

---

(1) Article 1387. — La loi ne régit l'association conjugale, quant aux biens, qu'à défaut de conventions spéciales que les époux peuvent faire comme ils le jugent à propos, pourvu qu'elles ne soient pas contraires aux bonnes mœurs, et en outre, sous les modifications qui suivent.

eux un principe essentiel et souverain, dont nous allons essayer de tracer la raison d'être, le caractère et la portée.

SECTION I

De la liberté des conventions matrimoniales

En principe, quelle que soit la convention qu'elles fassent, les parties peuvent stipuler tout ce qu'elles veulent. Il n'est fait de réserves que pour certains contrats et certaines stipulations qui touchent à l'ordre public. Mais à part cette restriction qui s'impose, car la liberté ne peut dégénérer en licence, tout est permis. Les parties peuvent rédiger leurs conventions comme elles l'entendent, pourvu qu'elles ne stipulent aucune clause contraire à l'ordre public et aux bonnes mœurs, article 6 ; tel est le droit commun en matière de conventions.

Mais cette faculté de stipuler librement tout ce qui est permis est encore plus grande quand il s'agit du contrat de mariage. L'article 1387, venant, selon nous, restreindre la portée générale de l'article 6, prohibe encore les clauses contraires aux bonnes mœurs, mais il limite aux espèces prévues par les articles 1388 et 1389, les clauses qui pourraient être regardées comme portant atteinte à l'ordre public. C'est ainsi que les conjoints peuvent stipuler, dans leur contrat de mariage, des conventions qui, partout ailleurs, seraient prohibées : telles sont les donations de biens à venir ; les donations sous une condition potestative de la part du donateur ; la donation à charge de payer d'autres dettes que celles existant au moment de la donation ; la communauté universelle de tous biens présents et à venir, même pour la propriété ; l'attribution à l'un des époux de la communauté entière, l'indisponibilité et l'imprescriptibilité des biens de la femme....

Cette faveur toute spéciale accordée au contrat de mariage, tient au désir ardent qu'avait le législateur d'exciter les citoyens à contracter des unions légitimes (cette source des familles qui forment et perpétuent l'état) ; et il a pensé, non sans raison, que le meilleur moyen de les inviter au mariage était de leur laisser la plus grande liberté dans la rédaction du contrat pécuniaire qui doit accompagner l'union des personnes. L'homme, indépendant par nature, fuit en effet toute contrainte : la moindre gêne à ce qu'il dispose pendant le mariage de ses biens présents et futurs, ou l'obligation de travailler pour partager le fruit de son industrie et de son labeur avec les héritiers d'une épouse, pouvait suffire pour le détourner du mariage. Aussi la loi lui laisse-t-elle une latitude presque complète et élève-t-elle le principe de la liberté des conventions matrimoniales à la hauteur d'un principe d'ordre public. Elle indique bien différents régimes matrimoniaux et trace même les règles qui s'adaptent le mieux à chacun d'eux avec un soin minutieux ; mais ce sont purement et simplement des types de contrat qu'elle propose à l'approbation de chacun. Pour les uns, pour ceux qui ne veulent pas faire de contrat ou qui ne sauraient en dicter eux-mêmes les dispositions, c'est un contrat tout fait, complet, qu'elle leur offre d'accepter ; pour les autres, au contraire, les plus éclairés, ce sont des conseils et des modèles qu'elle leur apporte, et dont elle subordonne l'opportunité et la valeur à leur appréciation personnelle. Mais à personne elle n'impose un régime déterminé (1).

Pour préciser davantage l'esprit et la portée que l'on doit attacher au principe de la liberté des conventions matrimoniales, il semble qu'on ne peut mieux faire que de rappeler brièvement les termes dans lesquels les orateurs du Corps législatif et du Tribunat ont développé leur projet devant les Assemblées dont ils sollicitaient l'approbation.

« Ce principe de liberté, dit DUVEYRIER (FENET, « tome XIII, page 691), conduit naturellement à « cette règle première et fondamentale du projet de « loi : que les époux peuvent stipuler leurs conven- « tions de mariage ainsi qu'ils le jugent à propos, et « que la loi n'intervient entre eux pour régir l'asso- « ciation conjugale qu'à défaut de conventions par- « ticulières, dont la faculté n'aura d'autre barrière « que la loi elle-même dans ses dispositions impé- « ratives ou prohibitives, comme celles qui concer-

(1) Un contrat de mariage étant nécessaire pour régler la situation respective des époux, on peut dire en effet que ceux qui se marient sans contrat ont tacitement accepté le régime de la communauté légale, qui, *a priori*, leur semble imposé par l'article 1393.

« nent la puissance paternelle et maritale, les « tutelles et l'ordre des successions. De cette règle « primordiale découle naturellement tout le système « de la loi. »

Et plus loin, page 741 :

« Il peut y avoir autant de communautés conven- « tionnelles qu'on peut imaginer de conventions « différentes dans le système de la communauté. « Les rédacteurs du projet n'ont eu ni la prétention, « ni la volonté de prévoir et de régler toutes celles « qui sont régulièrement possibles. Ils ont cru seu- « lement nécessaire d'exposer, comme des exemples « utiles, les principales modifications que l'usage a « introduites dans la communauté. »

Le tribun Siméon est encore plus énergique :

« Il est indifférent à l'Etat, pourvu que l'on se « marie, que les époux mettent leurs biens en com- « munauté ou sous le régime dotal. Qu'on stipule « tout ce qu'on voudra, pourvu qu'on ne stipule « rien que ce qui est honnête et permis, et qu'on le « stipule clairement. Voilà le premier précepte et « tout le désir de la loi. »

Et M. Laurent, commentant, avec l'autorité qui lui est propre, cet article 1387, écrit dans son *Traité de Droit civil,* tome V, page 11 :

« Si la loi a inscrit, dans l'article 1387, ce principe « de liberté qui est le droit commun de toutes les « conventions, c'est sans doute pour marquer que « les parties contractantes jouissent encore d'une « plus grande liberté pour les conventions matri- « moniales que pour les autres conventions. »

Et plus loin, même tome, n° 127 :

« La liberté forme la règle en matière de conven-« tions matrimoniales, sauf les clauses que la loi « prohibe. »

En résumé, et pour conclure, la liberté des conventions matrimoniales est telle, que toute clause insérée dans un contrat de mariage est valable, à moins qu'elle ne soit prohibée par un texte de loi formel et précis : en ce sens, il faut citer un arrêt de la Cour de Cassation, du 27 mars 1893 (Sirey, 1895, 1-34).

SECTION II

De la validité de la combinaison

Ce principe d'interprétation posé, il devient facile de rechercher s'il est permis de combiner le régime de la communauté avec une ou plusieurs dispositions du régime dotal, avec une stipulation portant, par exemple, que les immeubles de la femme seront inaliénables ; et il semble que, en s'appuyant sur son autorité, l'on peut, sans crainte de se tromper, résoudre cette question par l'affirmative, car aucun texte de loi ne prohibe cette convention, bâtarde si l'on veut, mais composée d'éléments licites, et n'interdit aux conjoints d'adopter un régime matrimonial mixte ou composite.

Tout d'abord, cette stipulation d'inaliénabilité pour les biens de la femme est par elle-même essentiellement licite : l'article 1554 du Code civil en consacre formellement la légalité. Sans doute il le fait à l'occasion du régime dotal, mais si l'inaliénabilité est le caractère distinctif du régime dotal, ce n'est pas un privilège exclusivement attaché à ce régime, nullement statutaire, et qui ne peut exister en dehors de lui, mais plutôt une exception faite au droit commun et permise par contrat de mariage en faveur de la femme mariée. Si l'on joint ensuite cette stipulation à un régime de communauté, la convention matrimoniale, prise dans son ensemble, n'en est pas moins valable, car, en agissant ainsi, non seulement on ne modifie pas l'actif de la communauté, ce qui est, au surplus, permis, mais en outre on ne porte aucune atteinte aux droits du mari : le mari, commun en biens, ne peut aliéner les propres de sa femme, article 1428, et la disposition prohibitive de l'article 1388 ne saurait être violée de ce chef. En frappant ses biens d'inaliénabilité, la femme commune restreint purement et simplement ses droits personnels en s'interdisant, pour tout le cours du mariage, la faculté d'aliéner ses propres biens ; et la seule question qui pourrait se poser, serait celle-ci : Ce droit qu'a toute personne d'aliéner ce qui lui appartient, la femme mariée peut-elle se l'enlever à elle-même ? En principe, les questions d'état et de capacité sont d'ordre public, et il n'est pas permis de s'interdire soi-même, fût-ce partiellement, en se dépouillant des droits essentiels qui constituent la personnalité. Mais, à ce principe si nécessaire, la loi y apporte elle-même une dérogation en faveur de la femme mariée, en lui permettant de rendre ses immeubles inaliénables par une disposition expresse de son contrat de mariage ; et toutes les fois qu'on restera dans les limites de cette exception, on ne stipulera rien de contraire à l'ordre public. Ce qui est en effet permis à la femme au titre du régime dotal, doit l'être sous tous les autres régimes ; et on ne peut dire que cette clause d'inaliénabilité porte atteinte aux droits de la femme, quand elle a pour but de sauvegarder ses droits et de lui donner, pour la conservation de son patrimoine, la plus forte garantie qui puisse exister. L'intérêt des tiers, contre lesquels va réfléchir cette clause d'inaliénabilité, et qui ne seront pas prévenus, dira-t-on, par l'étiquette du régime dotal, pourrait seul être objecté ; mais il ne faut pas confondre les deux questions, et il est tout différent de rechercher si une clause est valable, et d'étudier à quelles conditions cette même clause, essentiellement valable, sera opposable aux tiers. Enfin, l'article 1581 semble, lui aussi, admettre avec faveur la combinaison que nous étudions. En permettant de joindre à l'inaliénalibité des biens une société d'acquêts, cette disposition légale autorise, par cela même, à stipuler l'inaliénabilité, sous le régime de la communauté légale. La communauté d'acquêts n'étant autre chose que la communauté légale, modifiée quant aux biens et aux dettes qui deviennent communs, ce qui est permis sous l'un des régimes doit l'être également sous l'autre, une fois qu'il ne doit pas en résulter de contradiction.

C'était, du reste, la pensée des rédacteurs du Code civil ; et DUVEYRIER, rapporteur au Tribunat, s'exprime ainsi (FENET, tome XIII, page 691) :

« Ils (les futurs conjoints, qu'ils soient habitants « du Nord ou du Midi) peuvent même, l'un et « l'autre, confondre à leur gré les deux régimes « dans leurs conventions et emprunter de l'un et « de l'autre les règles, qui plairont à leur intérêt « comme à leur volonté, et qui pourront, suivant « les lieux et les circonstances, se combiner sans « se contredire. »

Et plus loin, page 765 :

« Je n'ai pas besoin d'observer qu'en permettant « au régime dotal la stipulation d'une société « d'acquêts, c'est permettre au régime de la commu- « nauté la stipulation d'une dot inaliénable. Même « principe, même motif, même conséquence. »

La jurisprudence n'hésita pas à reconnaître le caractère licite de cette combinaison ; bien mieux, elle eut même une tendance marquée à en admettre la validité sans la discuter, comme une chose évidente. Dès 1820 (Arrêt du 22 novembre, *S.* tome VI, 1-329), la Cour de Cassation manifestait son opinion, et ce, dans des circonstances remarquables : le contrat de mariage portait adoption du régime de la communauté, et la clause litigieuse stipulait que les immeubles de la femme ne pouvaient être aliénés qu'à la charge de remploi. Sans doute, dans cette affaire, le débat principal portait sur la question de savoir si une clause de remploi frappait de dotalité les biens qui y étaient soumis ; mais toujours est-il qu'en donnant à cette clause une interprétation dotale, la Cour consacrait par là même la validité de sa combinaison avec un régime de communauté. Depuis cette époque, sa jurisprudence fut constante. Certains jurisconsultes (1) ont prétendu que, par ses arrêts des 29 décembre 1841 (*S.* 42-1-5), 23 août 1847 (*S.* 47-1-657), 13 février 1850 (*S.* 50-1-353), 11 novembre 1851 (*Revue critique,* 1851, page 716), elle était revenue sur sa première décision ; mais il y a là de leur part, ce me semble, une mauvaise interprétation : par ces arrêts, la Cour a décidé que la clause empruntée au régime dotal n'était pas, pour des motifs qu'il y aura lieu d'examiner ultérieurement, opposable aux tiers ; mais elle n'en a nullement prononcé la nullité. Du reste, les arrêts des 15 mars 1853 (*S.* 53-1-465), 6 novembre 1854 (*S.* 54-1-712), 7 février 1855 (*S.* 55-1-580), 8 juin 1858 (*D.* 58-1-233), 3 février 1879 (*S.* 79-1-353), 27 mars 1893 (*S.* 95-1-34), 21 février 1894 (*D.* 94-1-294), et 13 novembre 1895 (*D.* 96-1-14), sont très formels et très précis. Les Cours d'appel partagèrent sur ce point la doctrine de la Cour suprême ; et, sans citer cette foule d'arrêts ou de jugements qui consacrent la validité des régimes mixtes, il semble bon néanmoins de noter au passage : 1° l'arrêt de la Cour de Lyon, en date du 31 mars 1840 (*D.* 40-2-172), au sujet duquel il y a lieu de faire quelques réserves. Cet arrêt décide :

---

(1) MARCADÉ, tome V, page 680, et DEMOLOMBE, *Revue critique* de 1851, page 716.

« Attendu que cette faculté de stipuler ce que l'on « veut est applicable à tous les régimes ; que dès « lors le caractère de l'inaliénabilité de la dot, plus « spécialement propre au régime dotal, peut être « attaché comme statut réel par les époux à tous « les autres régimes... »

Cette dernière expression est un peu trop large, elle semble tout au moins un peu téméraire, car s'il n'est pas douteux que l'inaliénabilité puisse se combiner soit avec le régime de la communauté, soit avec le régime d'exclusion de la communauté; c'est, au contraire, une question très controversée que celle de savoir si, sous le régime de la séparation de biens, la femme peut stipuler l'inaliénabilité de ses immeubles personnels (1) ; 2° un arrêt rendu par la Cour de Riom, le 27 août 1846 (*D.* 47-1-331). Cet arrêt semble ne pas admettre la validité des régimes mixtes, car on y trouve, au sujet d'une stipulation de remploi jointe à un régime de communauté que l'une des parties plaidantes prétendait équivaloir à une stipulation de dotalité, le considérant suivant :

« Attendu que la liberté des stipulations permises « aux époux dans leur contrat de mariage par les « articles 1397 et 1497, ne saurait aller jusqu'à la « violation des principes généraux du droit et à la « confusion des régimes que le législateur a eu le « plus grand soin d'éviter... »

Cet arrêt fut déféré à la Cour de Cassation, mais

---

(1) Voir plus loin, page 79.

le pourvoi fut rejeté pour d'autres motifs. Il n'en reste pas moins curieux, car il est le seul à statuer, par la négative, sur la question qui nous occupe. Il ne faut pas, du reste, y attacher trop d'importance, car, quelques années plus tard, le 31 mai 1858 (*S.* 58-2-579), cette même Cour de Riom se rangeait à la doctrine de la Cour de Cassation.

La jurisprudence était, du reste, vivement encouragée par la doctrine à persévérer dans sa première manière de voir. Avec un accord remarquable, presque tous les auteurs de droit civil : MERLIN, DURANTON, TOULLIER, ODIER, RODIÈRE et PONT (1) s'étaient prononcés catégoriquement pour reconnaître la validité d'une convention matrimoniale où l'on alliait le régime de la communauté et le régime dotal ; et c'est à peine si, après les vaines résistances de M. BATTUR (2), on trouve encore quelques opinions discordantes, celles de TROPLONG et de MARCADÉ, dont on appréciera plus tard les arguments. Pour se convaincre, au surplus, du peu d'hésitation qu'avaient les jurisconsultes de cette première époque à publier un tel enseignement, il suffit de lire, à titre d'exemple, la page qu'y consacrent RODIÈRE et PONT :

« Il est certain que les époux peuvent ajouter

---

(1) MERLIN, *Questions de droit*, Remploi, § 7 ; — DURANTON, tome XV, n°s 255, 297 ; — TOULLIER, *Droit civil*, tome VII, n° 372 ; — ODIER, *Contrat de mariage*, tome II, n° 673 ; — RODIÈRE et PONT, *Contrat de mariage*, tome Ier, page 69.

(2) BATTUR, *De la communauté*, tome II, n° 349.

« au régime qu'ils choisissent quelque caractère qui « naturellement n'appartient qu'à un autre, dès que « les règles empruntées à des régimes différents « n'ont, par leur nature, rien d'antipathique. Si le « législateur a autorisé divers régimes, c'est évidem- « ment parce que chacun a ses avantages et ses « inconvénients. Il est naturel, dès lors, que les « parties contractantes cherchent à prendre à la « fois dans chacun ce qui lui paraît le plus conforme « à leurs communs intérêts. C'est pour ce motif que « l'article 1581 autorise expressément les époux qui « se marient sous le régime dotal à stipuler une « société d'acquêts. Mais cet article n'a rien de « limitatif et n'est que l'application du principe plus « général que nous venons de poser. Les époux « qui se marient sous le régime de la communauté « peuvent stipuler, par exemple, que les propres « de la femme seront inaliénables comme sous le « régime dotal. »

Après eux, les juristes modernes DEMOLOMBE, LAURENT, GUILLOUARD, VALETTE, AUBRY et RAU, BAUDRY-LACANTINERIE, DE FOLLEVILLE, FUZIER-HERMANN (1) n'ont guère fait que reproduire, en termes plus ou moins heureux, la théorie de leurs devanciers ; et à l'heure actuelle, il est universel-

---

(1) DEMOLOMBE, *Revue critique* de 1851, page 716 ; — LAURENT, tome XXI, n° 127 ; — GUILLOUARD, *Contrat de mariage*, tome Ier, n° 89 ; — VALETTE, *Mélanges*, tome Ier, page 513 ; — AUBRY et RAU, tome V, page 268, note 7 ; — BAUDRY-LACANTINERIE, tome III, n° 297 ; — DE FOLLEVILLE, tome Ier, n° 11 ; — FUZIER-HERMANN, Répertoire : *Contrat de mariage*, n° 196.

lement admis, comme un principe indiscutable de notre législation, qu'il est licite et permis aux futurs conjoints d'adopter le régime de la communauté comme base de leur union, et d'en combiner ensuite, et à leur gré, les règles ordinaires avec des dispositions propres au régime dotal.

Les parties peuvent ainsi choisir dans les principes du régime dotal les clauses qui leur plaisent : elles peuvent, suivant leurs désirs ou leurs besoins, accentuer plus ou moins les règles qu'elles empruntent au système de la dotalité ; elles peuvent aussi restreindre l'application de celles-ci à une partie plus ou moins grande de leurs biens. Et l'on conçoit dès lors : qu'il va s'établir, entre le régime actuel de droit commun et l'ancien régime des pays de droit écrit, une série d'étapes successives ; et qu'il va être possible aux parties, non seulement de se placer entre ces deux régimes, mais encore de choisir, dans cette suite de degrés intermédiaires qui permettent de franchir graduellement l'espace qui naturellement les sépare, l'échelon qui convient le mieux à leurs intérêts réciproques et à leurs tendances naturelles. Cette combinaison du régime de la communauté avec un régime dotal partiel peut au surplus se concevoir de deux façons différentes : Ou bien, on stipule le régime de la communauté comme régime de droit commun, et par exception le régime dotal pour certains biens déterminés (espèce prévue par plusieurs arrêts de la Cour de Cassation, entre autres ceux du 15 mars 1853 et du 6 novembre 1854, déjà cités), et on a alors un régime dotal partiel quant aux biens assujettis ; ou bien on adopte le régime de la communauté pour tous les biens, et on en modifie les principes, pour tous ou plusieurs des biens, par une ou plusieurs règles empruntées au régime dotal (espèce prévue par les arrêts de Cassation, déjà cités, des 7 février 1855 et 8 juin 1858), et on a alors un régime dotal partiel quant aux règles empruntées. L'un et l'autre de ces procédés de combinaison sont également valables, l'article 1387 les permettant tous deux sans distinction.

Mais l'influence de la tradition fut telle qu'après la promulgation du Code civil, de pareilles conventions matrimoniales ne purent être admises sans contestations ; et contre l'un et l'autre de ces modes de combinaison, s'élevèrent des objections, dont Troplong et Marcadé furent les auteurs. Sans doute, ces voix, qui en préconisent la nullité, sont demeurées sans écho et restées isolées, mais le crédit et l'autorité de ces deux juristes méritent tout au moins qu'on examine leurs critiques et qu'on essaie de les réfuter.

SECTION III

Examen et réfutation des objections

De ces deux systèmes, celui de Troplong semble devoir être discuté le premier, car, des deux, c'est celui qui contredit le plus ouvertement les principes qui viennent d'être énoncés. Ce savant magistrat s'attaque en effet au principe même de la combinaison : il n'admet pas qu'après avoir adopté le régime de la communauté, une femme mariée puisse frapper de dotalité certains de ses propres, et affirme que combiner ensemble le régime de la communauté et le régime dotal, c'est faire une alliance monstrueuse de deux combinaisons qui s'excluent. — MARCADÉ admet, au contraire, la combinaison de ces deux régimes, et prétend seulement qu'on ne peut attacher aux propres de la femme le caractère de l'inaliénabilité, sans stipuler en même temps pour eux le régime dotal. Son objection n'est, dès lors, que secondaire, et on ne la discutera qu'après avoir résolu celle de TROPLONG.

§ I. — *Objection de Troplong.*

TROPLONG, dans son *Traité du contrat de mariage,* tome Ier, n° 79, s'exprime ainsi :

« Nous considérons comme inefficace la clause du « contrat de mariage qui, après avoir constitué entre « les époux le régime de la communauté, déclare « que la femme ne peut ni vendre, ni hypothéquer « ses propres, même avec l'autorisation de son mari. « Cette clause serait sans valeur pour enchaîner la « volonté de la femme et l'autorité du mari. Soit « qu'elle émane de la volonté d'un tiers, soit qu'elle « émane de la femme elle-même, il n'importe. La « femme pourrait toujours rentrer dans sa liberté, « quand d'accord avec son mari, elle le jugerait à « propos. »

Pour justifier cette proposition, TROPLONG fait

une longue dissertation, écrite dans un style ténébreux et diffus, qui valut même à son auteur cette réplique de LAURENT : « C'est une série d'affirmations qu'il oublie de prouver, de variantes sans fin, reproduisant toujours la même pensée », mais où l'on croit néanmoins trouver énoncés quatre arguments.

Parmi ceux-ci, il en est tout d'abord deux qui ne sont que de simples affirmations, se référant à des idées d'ordre général et qui semblent réfutées par avance. Les questions de capacité, dit-il, sont d'ordre public, et la femme ne peut restreindre celle que lui donne sa qualité de femme commune, en frappant ses biens d'inaliénabilité. Sans doute, on ne peut, en principe, se créer une capacité ; mais en admettant même avec l'auteur que la stipulation d'une clause matrimoniale puisse modifier la capacité de la femme mariée, telle qu'elle est réglée par les articles 214 et suivants, ce qui est très contestable (1), il faut reconnaître qu'à ce principe la loi a apporté, par l'article 1554, une exception en faveur de la femme mariée, et admettre que sont valables toutes les conventions faites par la femme dans les limites de cette exception. — De plus, l'inaliénabilité, continue TROPLONG (2), n'existe que par la puissance de la

(1) Voir *infra*, page 133 : « que les conventions matrimoniales ne sont jamais susceptibles, quelles qu'elles soient, de modifier la capacité de la femme mariée. »

(2) « Si, dans le régime dotal, il est une partie du patrimoine de la femme qui est frappée d'inaliénabilité, c'est par la puissance de la loi qui, dans sa sagesse, a décidé que la dot devait être indisponible. L'inaliénabilité est une institution du législateur

loi : la volonté des contractants en profite, mais elle est insuffisante à la créer ; et comme la loi ne décrète l'inaliénabilité des biens de la femme que sous le régime dotal, il faut nécessairement, quand on veut imprimer ce caractère aux biens de la femme, que le régime adopté soit le régime dotal. — Qu'il faille un texte positif pour permettre à la femme de rendre ses biens indisponibles, cela est indiscutable ; mais une fois l'exception créée par la loi, il n'en est pas moins vrai que l'inaliénabilité de ses biens contractée par la femme, même dotale, reste toute conventionnelle (1), et que la femme mariée peut toujours, quel que soit son régime, stipuler à son profit la faveur qui lui est concédée par un texte de loi inséré au titre du régime dotal, à la seule condition de rester dans les limites où cette faveur lui est accordée. — Troplong invoque ensuite l'article 1581, qui, selon lui, marque la limite des alliances permises entre le régime dotal et la communauté de biens. Mais, par là, il donne à cet article 1581 une interprétation restrictive que lui refusent et son texte et l'esprit de ceux qui l'ont rédigé. L'article 1581 consacre simplement, à l'instar des articles 1505, 1510, 1514, 1515..., une disposition qui était fort en usage dans certains pays de droit écrit, et particulièrement dans le ressort du Par-

---

et non une combinaison de la volonté de l'homme. La volonté en profite, mais elle n'en est pas la source première : elle puise l'inaliénabilité dans le sein de la loi. »

(1) En ce sens, notamment Aubry et Rau, tome V, page 268, n° 7.

lement de Bordeaux ; et ce serait en méconnaître gravement la portée que d'y voir une limitation à l'article 1387, qu'il ne fait que rappeler et laisse subsister dans son entier. On ne pourrait lui reprocher que d'être inutile ; mais cette inutilité s'explique par ce fait historique que les rédacteurs du Code ont tenu à rappeler, au titre du contrat de mariage, toutes les dispositions matrimoniales que l'usage avait établies. Cette alliance du régime de la communauté avec le régime dotal, qu'ils avaient du reste prévue, n'est pas aussi monstrueuse que le prétend enfin (c'est là son dernier argument) TROPLONG. Pour lui :

« Ces deux régimes ont des caractères propres ; ils « sont séparés par des barrières reconnaissables, et « le régime de la communauté, qui vit par la liberté, « manquerait à son essence s'il allait prendre dans « le régime dotal des prohibitions que la loi n'a pas « créées pour lui. Aussi est-il incompatible de coudre « le régime de la dot frappant sur les immeubles, à « une communauté de tous les meubles présents et « futurs et de toutes les dettes. L'inaliénabilité n'est « compatible qu'avec un régime dans lequel la femme « ne s'oblige pas. Mais elle ne sympathise pas avec « un régime où les époux sont communs en biens, « droits, dettes et obligations. Qui s'oblige oblige le « sien : la disponibilité des propres est la conséquence « d'une telle association. »

Il faut tout d'abord reconnaître que, dans cette vive dissertation, il n'y a, en réalité, que de simples affirmations. Il est, de plus, inexact de dire que la stipulation d'une clause d'inaliénabilité est en contradiction avec la faculté de s'obliger. La femme commune, qui insère dans son contrat de mariage pareille clause, ne s'interdit pas la faculté de s'obliger : elle en conserve parfaitement le droit et la possibilité (1) ; elle met seulement certains de ses biens à l'abri de l'action de ses créanciers. Son crédit s'en trouve diminué d'autant, il est vrai, mais les garanties que sa signature peut offrir, ne regardent que ceux avec lesquels elle contracte. Où il y aurait réelle contradiction et antinomie flagrante entre les deux régimes, c'est si la femme stipulait l'inaliénabilité des biens qu'elle met en communauté : les articles 1421 et 1554 s'excluent l'un l'autre. C'est peut-être, au surplus, l'hypothèse envisagée par Troplong, car il termine ainsi sa dissertation :

« Faisons remarquer, au surplus, que dans l'exa-
« men de cette difficulté, nous avons constamment
« supposé que nous nous trouvions en face d'un
« contrat de communauté, et non pas d'un contrat
« qui, quels que fussent les termes employés, ne
« serait autre que le régime dotal flanqué d'une
« société d'acquêts. Dans ce dernier cas, aucun
« doute n'est possible en présence de l'article 1581.
« La question n'en est une que lorsque le contrat
« de mariage constitue le régime de la communauté,
« c'est-à-dire une communauté universelle. »

---

(1) Et cela, quand bien même tous ses propres seraient, en droit ou en fait, déclarés insaisissables ; car même dans cette hypothèse, elle se trouverait encore en meilleure situation qu'un commerçant dont tous les biens viennent d'être rendus indisponibles par une déclaration de faillite. (Voir, au surplus, *infra*, page 131)

Mais cette hypothèse n'est pas réalisable en pratique : Ou bien la clause d'inaliénabilité portera sur les immeubles, et elle leur conservera leur qualité de propres ; ou bien elle portera sur les meubles et équivaudra pour eux, et les dettes qui en découlent, à une clause de réalisation ; ou bien enfin, elle s'étendra aux meubles et immeubles, et l'on se rapprochera de la société d'acquêts. Du reste, TROPLONG, admettant un régime dotal flanqué d'une société d'acquêts, semble admettre aussi, on l'a vu, un régime qui ne serait autre qu'une communauté d'acquêts où tous les propres mobiliers et immobiliers seraient déclarés inaliénables. Mais s'il reconnaît la validité d'un régime où une femme commune dotalise tous ses meubles et immeubles, il ne peut, par *a fortiori* et sous peine de se mettre en contradiction avec lui-même, frapper de nullité un régime de communauté où la clause de dotalité ne frappe, par exemple, que les immeubles.

Telles sont les conclusions auxquelles on arrive logiquement quand on dissèque la doctrine de TROPLONG, et quand on en étudie séparément les divers arguments. S'il n'arrivait à tout le monde des moments de faiblesse ou d'oubli, on pourrait s'étonner que pareille méprise ait pu advenir à un esprit juridique aussi judicieux et aussi puissant. Mais l'erreur dans laquelle nous croyons le voir tomber, s'explique facilement, quand on se rappelle que TROPLONG était un adversaire aussi acharné que convaincu du régime dotal et de tout ce qui s'en rapproche.

Marcadé admet, au contraire, la proposition qui vient d'être soutenue, et reconnaît qu'on peut unir dans un même contrat, et faire vivre côte à côte, le régime dotal et le régime de la communauté.

« Une seule chose est permise, mais elle est « parfaitement permise, dit-il, tome V, page 680, « c'est d'adopter tout à la fois et le régime dotal pour « l'inaliénabilité des immeubles de la femme, et le « régime de la communauté pour tout le reste. »

Mais s'il admet que, dans un même contrat, certains biens soient soumis au régime dotal et les autres au régime de la communauté, ce qui constitue un régime dotal partiel quant aux biens assujettis à la dotalité, il critique notre second mode de combinaison, l'adoption d'un régime dotal partiel quant aux règles empruntées au régime de la dotalité, et n'admet pas, ou mieux « ne paraît pas admettre » qu'on puisse emprunter au régime dotal certaine de ses règles, l'inaliénabilité, par exemple, pour l'adjoindre à un régime de communauté, sans stipuler en même temps le régime dotal. Il semble plus exact de dire : « ne paraît pas admettre », car, si, dans son *Traité de droit civil*, Marcadé oppose à nos prétentions une négation formelle, cette négation, il l'explique ailleurs (notamment dans des articles publiés dans la *Revue critique*), par de longs commentaires, et l'on s'aperçoit alors que l'objection formulée par lui contre cette seconde manière de combiner le régime de la communauté et le régime dotal n'est plus, comme on pouvait le croire au début, une objection principale, relative au fond, touchant directement à la validité intrinsèque de la combinaison, mais bien plutôt une objection d'ordre secondaire, uniquement relative à la forme dans laquelle cette convention doit être stipulée, et ne touchant qu'à sa validité extrinsèque.

§ II. — *Objection de Marcadé.*

Dans son *Traité de droit civil,* article 1497, n° 3, tome V, page 680, MARCADÉ s'exprime ainsi :

« L'inaliénabilité des biens de la femme ne peut « résulter d'aucune autre cause que de la soumission « expresse au régime dotal... Sans doute les époux « peuvent incontestablement ajouter au régime de « communauté, par exemple, l'inaliénabilité des « immeubles de la femme, mais ils ne le peuvent « qu'en adoptant, quant à ces immeubles, qu'en se « soumettant ainsi au régime de communauté et au « régime dotal tout à la fois.....

« On ne peut pas stipuler l'inaliénabilité des biens « de la femme, du moment qu'on est en dehors du « régime dotal, car si un bien peut quelquefois, par « exception, être dotal sans être inaliénable, il ne « peut jamais, au contraire, être inaliénable sans « être dotal. L'inaliénabilité des biens est d'ordre « public. L'inaliénabilité n'étant introduite par la « loi, pour la femme mariée, que sous le régime « dotal, on ne peut donc pas la stipuler efficacement « sous un autre régime. »

MARCADÉ pose donc en principe qu'une femme commune ne peut pas stipuler pour ses propres l'une des règles du régime dotal, l'inaliénabilité, sans stipuler en même temps le régime dotal, car l'inaliénabilité est contraire à l'ordre public ; elle n'est permise que sous le régime dotal et ne peut en être détachée. Il semble ainsi reprendre l'objection que faisait tout à l'heure Troplong, à savoir qu'une femme commune en biens ne pouvait déclarer ses biens inaliénables ; mais il la soutient par des moyens si différents, que le principe en est changé : tandis que Troplong n'admet pas qu'une femme commune puisse stipuler la dotalité pour quelques-uns de ses biens, sans pour cela se soumettre complètement au régime dotal, parce que la dotalité et l'inaliénabilité, dérivant uniquement de la loi, ne peuvent se stipuler et constituent des privilèges dont on ne peut jouir qu'indirectement en se soumettant purement et simplement au régime dotal ; Marcadé, au contraire, ne permet pas à une femme commune de joindre à ses biens déclarés propres la qualité d'être en même temps inaliénables, parce que l'inaliénabilité est un des attributs essentiels du régime dotal, et sans lui ne peut exister. Bien que ainsi précisée, l'objection de Marcadé se présente sous une forme nouvelle ; elle ne doit pas, ce me semble, être examinée bien longuement, puisqu'elle se trouve réfutée ailleurs par avance, et qu'elle n'est pas en réalité la dernière pensée de l'auteur.

Marcadé commence, en effet, à laisser deviner le motif de son opposition dans un article qu'il a publié dans la *Revue critique* (année 1851, page 226).

« Ainsi, tout contrat qui ne contient pas la

« soumission expresse au régime dotal (soumission « totale ou partielle, peu importe) est impuissant à « produire l'inaliénabilité des propres de la femme. « De deux choses l'une, en effet : ou il faudrait dire « que le régime dotal existe sans adoption expresse, « et on violerait l'article 1392 ; ou l'on dirait que « l'inaliénabilité existe sans adoption du régime « dotal, et on violerait l'article 6. »

Mais s'il est permis de se soumettre partiellement au régime dotal, il faut en conclure qu'on peut, en fin de compte, n'en prendre que l'inaliénabilité ; et ce point admis, il est naturel d'en déduire que la soumission expresse au régime dotal, si sévèrement exigée, n'est plus là que comme étiquette, uniquement pour satisfaire au rigorisme de l'article 1392. Cette présomption se trouve, du reste, confirmée par la lecture d'un commentaire que Marcadé a fait d'un arrêt de la Cour de Caen, publié dans la *Revue critique* de 1852 :

« D'après cela, quand deux époux qui déclarent « adopter le régime de communauté disent ensuite « néanmoins que les immeubles de la femme seront « soumis au régime dotal, et dès lors inaliénables, « l'inaliénabilité existera, parce qu'il y a dans ce cas « adoption expresse de la dotalité, comme l'exige « l'article 1392. Mais si, au contraire, ces époux se « contentent, après avoir adopté la communauté, « d'ajouter que les immeubles de la femme seront « inaliénables, sans avoir soin de se soumettre au « régime dotal, l'inaliénabilité n'existera pas, parce « qu'il n'y a pas dotalité. »

Et plus loin :

« Quand même on devrait admettre qu'une décla-
« ration de soumission au régime dotal se trouve
« suffisamment dans la stipulation d'inaliénabilité
« des immeubles de la femme, il est toujours bien
« évident qu'une telle déclaration ne pourra jamais
« se voir dans la simple clause que les immeubles
« de la femme ne pourront être vendus qu'à charge
« de remploi. »

Ce qui transforme enfin cette présomption en certitude : c'est que tous les arrêts de la Cour de Cassation invoqués par Marcadé (29 décembre 1841, 23 août 1847, 13 février 1850) sont des arrêts qui reconnaissent la validité intrinsèque de la combinaison, mais qui refusent d'en sanctionner l'application aux tiers, parce qu'elle n'a pas été formulée dans des termes exprès, comme l'exige l'article 1392, pour toute stipulation dotale ; c'est que Marcadé lui-même reconnaît la validité de ces régimes mixtes à un autre endroit de son *Traité de droit civil,* sous l'article 1581 :

« De même qu'ils peuvent, comme on l'a vu sous
« l'article 1497, *in fine,* ne prendre du régime dotal
« que l'inaliénabilité des immeubles de la femme,
« en se soumettant à la communauté pour tout le
reste, ils peuvent..... »

On peut donc conclure qu'en réalité, Marcadé n'est pas hostile à la validité de ce régime mixte. La proposition qu'il énonce sous l'article 1497, *in fine,* semblerait indiquer le contraire ; mais cette proposition a besoin d'être éclairée par les commentaires qui l'ont suivie. Prise à la lettre, elle est trop absolue pour ne pas conduire, dans son laconisme, à une fausse interprétation qui nuit à la réputation de son auteur et le fait citer à tort, par de nombreux juristes, au nombre de nos adversaires. Au fond, MARCADÉ ne s'éloigne pas de notre manière de voir et pense comme RODIÈRE et PONT, DEMOLOMBE, LAURENT, AUBRY et RAU...; il reconnaît qu'une femme commune peut emprunter au régime dotal le privilège de l'inaliénabilité pour en frapper ses propres, sans pour cela les soumettre aux autres règles de la dotalité. Il admet par là la validité d'un régime de combinaison, où le régime conventionnel choisi par les époux serait le régime de la communauté de biens tempéré par l'adoption concomitante d'une ou de plusieurs dispositions empruntées au régime dotal. Seulement, il a eu le tort d'avoir, sinon confondu, tout au moins traité en même temps deux questions toutes différentes. Le problème qu'il s'était proposé demandait à être divisé : il fallait tout d'abord examiner si cette combinaison, étudiée dans son essence, abstraction faite de tout élément extérieur, était valable, et ensuite rechercher si cette combinaison, valable en elle-même, ne devait pas, pour rester valable vis-à-vis des tiers et leur être opposable, être formulée d'une façon spéciale. En un mot, il y avait lieu de distinguer entre la volonté des parties et la manière dont cette volonté devait être exprimée.

La première de ces deux questions a été traitée dans ce chapitre ; la seconde le sera dans le chapitre suivant. A la première, il a été répondu que les parties, libres en principe de stipuler comme elles veulent, tout ce qui est permis, avaient, en matière de conventions matrimoniales, pour des motifs d'ordre public, une liberté plus grande encore, et se trouvaient même encouragées par le législateur à y introduire des stipulations qui, partout ailleurs, sont déclarées illicites. Et cette prémisse établie, qu'en matière de contrat de mariage tout est valable s'il n'y a de disposition légale contraire, la stipulation d'un régime mixte, c'est-à-dire la combinaison du régime de la communauté adopté comme base avec un régime dotal partiel, a été, quelle que soit l'une des deux formes sous laquelle elle puisse se concevoir, déclarée valable, sur l'avis conforme de la doctrine et de la jurisprudence, parce que les garanties de la dotalité ont été, malgré leur caractère illicite, accordées par la loi à la femme mariée sous le régime dotal, et qu'à défaut de texte contraire ou de contradiction flagrante, ces privilèges une fois reconnus pouvaient toujours être stipulés par leur bénéficiaire dans la mesure où ils lui ont été concédés. Enfin, il a été montré que les rares objections formulées n'étaient qu'apparentes ; et de toutes ces observations, il ne reste plus maintenant qu'à en tirer et à en retenir cette conséquence pratique, très importante, qu'il ne faudra pas perdre de vue dans l'examen des espèces. C'est qu'à ce principe absolu de validité, il y a une condition ; et pour que la combinaison soit valable, il faut essentiellement, et sous peine de nullité absolue ou d'inexistence, que les stipulations dotales qui y sont comprises soient strictement contenues dans les limites mêmes du texte exceptionnel qui les légitime.

CHAPITRE III

DE LA VALIDITÉ DE LA COMBINAISON DANS LES RAPPORTS DES ÉPOUX AVEC LES TIERS

Il ne faudrait pas croire toutefois que la stipulation d'un régime mixte, satisfaisant complètement à cette condition, soit par cela même assuré de recevoir, dans toutes ses parties, une pleine et entière exécution ; et il ne serait pas difficile de trouver, dans les annales de la jurisprudence, de ces conventions matrimoniales, qui, renfermées dans les limites prescrites par l'article 1554, et stipulées conformément à toutes les conditions générales imposées par les articles 1388, 1394, 1398, sont, malgré toute leur validité indiscutable et incontestée, pratiquement restées inefficaces, nonobstant le désir et la volonté de leurs auteurs. C'est qu'en effet la question doit être, en outre, envisagée sous un second et nouveau point de vue. Contrairement à cet axiome juridique, si sage et si naturel : « Les conventions n'ont d'effet qu'entre les parties, » les conventions matrimoniales, à l'instar de tout acte constitutif d'une société, et par ce fait même qu'elles apportent toujours quelques modifications dans le patrimoine des conjoints et établissent pour toute la durée de la vie conjugale leurs pouvoirs d'administration et leurs droits respectifs, les conventions matrimoniales sont, de plein droit, opposables aux tiers, article 1397 ; et ces mêmes conventions, auxquelles ces tiers n'ont pas participé, pourront leur profiter ou leur nuire, selon qu'elles seront invoquées par eux ou contre eux. Il est dès lors logique de concevoir, qu'en présence de semblables éventualités, le législateur ait songé à protéger les intérêts de toutes ces personnes, que pendant leur association conjugale les conjoints choisiront comme cocontractants. Et voilà pourquoi, après avoir étudié la validité intrinsèque des régimes mixtes, on est fatalement amené à rechercher si, au milieu de toutes les dispositions légales qui sauvegardent les droits de ces tiers, il n'en est pas une qui les concerne plus spécialement et vienne apporter quelque condition à leur validité extrinsèque. Parmi celles-ci se trouve, en effet, l'article 1392, qui impose aux conjoints désireux d'adopter le régime dotal, l'obligation d'exprimer leur volonté dans une forme spéciale. Il est, du reste, ainsi conçu : « Il n'y a pas de soumission au régime dotal, s'il n'y a dans le contrat de mariage une déclaration expresse à cet égard. » A la simple lecture, on est déjà presque convaincu que cette disposition rigoureuse ne doit pas être étrangère à ceux-là aussi, qui veulent adopter quelques stipulations dotales, après s'être soumis au régime de la communauté ; et dès lors, justifier, pour ce cas particulier, la nécessité de cette déclaration expresse ; en préciser la nature ; en déduire les conséquences pratiques ; telles sont les trois idées générales qui paraissent devoir faire l'objet de ce chapitre.

SECTION I

De la nécessité d'une déclaration expresse

Etant donné que, dans notre législation, le régime matrimonial de droit commun est le régime de la communauté de biens, il est naturel et juridique qu'il soit imposé aux conjoints qui veulent se soumettre à un autre régime, l'obligation de faire à ce sujet une manifestation formelle de volonté. Et de ce que, fidèle à ce principe, l'article 1392 exige de quiconque veut se soumettre au régime dotal une déclaration expresse, il semble que l'on se trouve autorisé à en conclure, que cette même déclaration expresse est, pour les mêmes raisons, et en vertu même de ce texte, également nécessaire, toutes les fois que les parties veulent adopter une ou plusieurs des règles de la dotalité. Ce raisonnement, logique en apparence et exact dans ses résultats, ne serait peut-être pas très juridique. Car l'article 1392 est relatif aux conjoints qui adoptent le régime dotal comme base de leur société conjugale, et, dans l'espèce étudiée, on suppose que les époux se sont mariés sous le régime de la communauté. A la rigueur, donc, l'article 1392 ne peut recevoir ici d'application directe ; mais à son défaut, il y a lieu d'appliquer la règle, dont l'article 1392 n'est lui-même que le corollaire : c'est que toute dérogation au droit commun ne peut être admise, surtout en matière d'ordre public, qu'en présence d'une déclaration expresse. Si, en effet, le législateur exige une déclaration expresse pour la soumission au régime dotal, ce n'est pas seulement parce que ce régime n'est pas le régime de droit commun (s'il n'y avait que ce motif, une manifestation quelconque de volonté suffirait, et le législateur n'aurait pas édicté une disposition qui reste exclusivement propre au régime dotal), mais c'est encore et surtout parce que le régime dotal constitue tout d'abord une exception à des principes d'ordre public, et que de son essence il est, en outre, susceptible de réagir contre les droits des tiers. Ces mêmes effets se retrouvent, à un degré de force plus ou moins grand, dans chacune des règles de la dotalité prises isolément ; et c'est pourquoi il faut, à défaut même de texte positif, pour adopter une clause dotale quelconque, la même déclaration expresse que pour se soumettre au régime dotal tout entier. Comme dit l'adage : *eadem ratio, eadem res.*

Les clauses dotales sont si exceptionnelles et si exorbitantes, qu'on ne saurait les présumer. L'aliénabilité des biens, leur libre saisissabilité, en même temps qu'elles sont les facteurs indispensables du progrès et du développement de la richesse, constituent les bases essentielles et fondamentales du régime de la propriété en France. Ce sont donc, au premier chef, des principes d'ordre public. Leur inaliénabilité, au contraire, ou, en d'autres termes, leur mise hors de commerce, n'est tolérée qu'à contrecœur et par faveur exceptionnelle. Aussi y va-t-il de l'intérêt de la société de ne l'admettre qu'en présence d'une stipulation positive et expresse qui révèle chez son auteur une volonté formelle de jouir de ce privilège.

« Si la loi exige une déclaration expresse, dit « LAURENT (tome XXI, n° 128), c'est précisément à « raison de l'inaliénabilité des biens dotaux. L'ina- « liénabilité est contraire à l'intérêt général. C'est « une exception au droit commun. A ce double titre, « elle ne peut exister qu'en vertu d'une convention « formelle. »

Cette déclaration expresse est exigée aussi dans l'intérêt de la femme. Si les stipulations dotales sont pour elle des privilèges, il n'en est pas moins vrai qu'elles sont aussi une grande gêne et qu'elles apportent de réelles entraves à sa liberté d'action. Sans doute, en droit, on peut dire que le régime dotal n'influe pas sur sa capacité juridique de femme mariée (1) ; mais, en fait, il équivaut, relativement à tous les biens qui y sont soumis, à une demi-interdiction. Bien qu'elle en soit propriétaire, la femme dotale ne peut, contrairement aux articles 544, 2092 et 2124, ni les vendre, ni les grever d'hypothèque, ni les offrir en gage à ses créanciers ; elle conserve la jouissance et l'exercice de son droit de contracter ; mais elle ne trouve que rarement un cocontractant qui veuille bien lui permettre d'en faire usage. Aussi n'est-ce qu'en présence d'une

---

(1) Voir *infra*, page 133.

volonté formellement exprimée qu'on puisse croire, qu'elle ait désiré ruiner ainsi son crédit, et se vouer à l'inaction pour toute la durée de son mariage.

L'intérêt de la femme, bien que réel, n'est toutefois que secondaire : car, si elle a rédigé son contrat de mariage dans des termes peu précis qui soient susceptibles de s'interpréter contre elle, elle n'est jamais victime que de sa propre négligence. Il n'en est pas de même de ses cocontractants ; et c'est surtout pour eux que les conventions matrimoniales doivent être clairement rédigées. Sans doute, avant de contracter avec une femme mariée, les tiers doivent avoir la prudence de consulter le contrat de mariage qui règle les pouvoirs de leur partenaire. Mais l'information qu'ils feront sera toujours et forcément rapide ; les nécessités du commerce l'exigent ainsi. On ne peut, dès lors, leur demander des recherches minutieuses, de longs moments de réflexion et une connaissance complète de la science du Droit. Il est, par suite, nécessaire : que les clauses, qui leur sont spécialement opposables, soient rédigées dans un style clair et précis qui ne soit pas susceptible de plusieurs sens ; que l'intelligence en soit accessible à tous et la signification comprise à la simple lecture. Et il ne faut pas qu'on puisse, dix ou vingt ans après la conclusion d'un contrat, faire tomber les droits que ces tiers ont légitimement acquis, en leur opposant une clause ambiguë ou équivoque qu'ils n'auraient pas comprise. Il ne faut pas, par exemple, que celui qui a acheté, le croyant libre, l'immeuble d'une femme mariée, puisse en être évincé dans l'avenir par l'effet d'une clause soigneusement rédigée, où seul un esprit juridique exercé aurait pu découvrir une clause d'inaliénabilité. De même, il ne doit pas être permis à une femme mariée qui a su emprunter de l'argent, de pouvoir arrêter les légitimes poursuites de son créancier non payé, en invoquant une clause d'indisponibilité, perfidement dissimulée. Sans quoi, le contrat de mariage deviendrait (comme le dit la Cour de Bordeaux, dans un arrêt du 21 décembre 1857, S. 58-2-322) un piège pour les tiers, et la foi publique serait trompée. C'est donc enfin dans un intérêt supérieur d'ordre public, pour faire échouer la perfidie des époux et empêcher la ruine des tiers de bonne foi, que la loi exige de toute femme mariée qui veut jouir de quelques privilèges dotaux, une déclaration expresse qui rende toute méprise impossible.

En résumé, les stipulations dotales sont tout exceptionnelles : elles dérogent au droit commun des conventions matrimoniales ; elles font échec au principe de la libre circulation des biens et au régime ordinaire de la propriété ; elles condamnent à une inaction presque complète celle qui s'y soumet ; elles vont, par leur essence même, à l'encontre des droits des tiers ; c'est, dès lors, plus qu'il n'en faut pour nous permettre, à défaut même d'un texte positif, et par respect pour ces mêmes principes, dont l'article 1392 n'est que l'écho, d'exiger, de quiconque veut stipuler même accessoirement une ou plusieurs stipulations dotales, une déclaration expresse analogue à celle que la loi impose à ceux qui veulent se soumettre complètement au régime dotal. Les jurisconsultes sont, du reste, d'accord pour reconnaître l'exactitude de cette proposition, et les recueils de jurisprudence en offrent de fréquentes applications. Aussi semble-t-il inutile d'insister plus longtemps sur ce point, et plus opportun de montrer en quoi consiste cette déclaration.

SECTION II

De la nature de cette déclaration expresse

Il est tout d'abord un point certain : la déclaration expresse, exigée pour l'adoption d'un régime mixte, doit être de nature analogue à celle qui est exigée pour la soumission au régime dotal. Mêmes causes, mêmes effets. Pour déterminer le caractère de celle-là, il suffira donc d'étudier celle-ci dans la doctrine et la jurisprudence ; et pour préciser ensuite le degré de clarté exigé, il ne restera plus qu'à justifier ce principe : qu'il faut, dans la première hypothèse, une déclaration plus expresse que dans la seconde.

La nécessité de la déclaration expresse n'existait ni dans le droit romain, ni dans l'ancien droit : c'est une innovation de notre législation où le régime dotal est seulement toléré ; et comme l'article 1392 s'est borné à exiger, sans la préciser, une déclaration expresse, son laconisme laissa le champ libre à ses commentateurs.

Certains juristes anciens, imbus sans doute des formalités du droit romain, prescrivaient l'usage d'une formule sacramentelle, et exigeaient l'emploi de termes exprès. C'est ainsi que les explications, tantôt très longues, tantôt fort laconiques, présentées, sur l'article 1392, par Merlin, Toullier, Tessier, Duranton, Odier, semblent toutes conduire à cette conclusion : que les seuls mots qui puissent créer la dotalité sont exclusivement ceux de « régime dotal ». Ces exigences sont certainement excessives, et cette interprétation de l'article 1392 peu conforme à l'esprit de notre législation. Contrairement au droit romain, où il fallait pour certains contrats employer le mot juste, sous peine de nullité, il n'y a plus dans notre législation de termes sacramentels. Les parties stipulent comme elles veulent, avec les tournures et dans les termes qui leur plaisent ; et on ne leur demande qu'une chose, s'exprimer clairement. Il est, du reste, d'autres circonstances où la loi exige pareillement une déclaration expresse (ainsi, pour les legs et donations faits à un successible avec dispense de rapport, article 843, ainsi encore pour les novations, article 1293) et où l'on n'a jamais songé à exiger l'emploi exclusif de termes sacramentels.

Cette opinion est, du reste, aujourd'hui complètement abandonnée. Tous les auteurs, même Troplong et Marcadé, reconnaissent que l'article 1392 n'exige pas l'emploi de termes sacramentels ; et la plupart estiment qu'une déclaration spéciale n'est même pas nécessaire, qu'une manifestation certaine de volonté suffit. Voici, au surplus, pour bien montrer ce qu'il faut, l'opinion des principaux de nos juristes :

Selon TROPLONG, il faut la certitude dans la volonté des parties, une expression claire, positive, non équivoque de leur vœu.

MARCADÉ exige une clause conçue en termes formels, et qui ne laisse pas de doute sur la volonté des parties.

Pour GUILLOUARD, il faut une déclaration expresse. Si le mot « régime dotal » n'est pas prononcé, il faut que la clause, par sa clarté, soit l'équivalent de l'emploi des mots « de régime dotal ».

D'après OLLIVIER, pas de dotalité sans une intention évidente, sans une volonté manifeste, voilà tout le sens de l'article 1392. Lui faire dire davantage et en faire sortir la nécessité d'une déclaration expresse, c'est l'exagérer et le fausser.

Paul PONT se contente d'une intention bien nette. L'article 1392, dit-il, a dérogé dans un but d'unité à l'article 1159, mais non aux articles 1156 et 1161.

Selon AUBRY et RAU (1), l'article 1392 exige, il est vrai, une déclaration expresse, mais il ne prescrit pas l'emploi de termes sacramentels et ne requiert même pas une déclaration spéciale.

---

(1) TROPLONG, tome Ier, n° 148 ; — MARCADÉ, *Revue critique* de 1851, page 216 ; — GUILLOUARD, *Contrat de mariage*, tome Ier, n° 89 ; — OLLIVIER, *Revue pratique*, tome III, page 529 ; — Paul PONT, tome II, n° 375 ; — AUBRY et RAU, tome V, page 522, note 1.

Dans le même sens, plusieurs arrêts de la Cour de de Cassation, entre autres, ceux du 3 février 1879 et 15 mars 1853, desquels il appert que l'adoption du régime dotal peut résulter d'un ensemble de clauses.

On peut donc conclure qu'il ne faut, pour l'adoption du régime dotal, ni déclaration sacramentelle, ni déclaration spéciale, mais une manifestation de volonté certaine, exclusive de toute ambiguïté, et sur le sens de laquelle les tiers ne puissent se méprendre.

Mais cette proposition, telle qu'elle est formulée, ne peut convenir à l'adoption d'un régime mixte. Sans doute, la déclaration qui y est exigée ne change pas de nature ; et, pas plus maintenant que tout à l'heure, il ne faudra de déclaration sacramentelle ; mais l'obligation pour les parties de s'exprimer clairement y est encore plus stricte, et la déclaration, qu'elles doivent faire, doit être encore plus nette, plus précise, plus expresse que précédemment. Cela se conçoit du reste facilement. Les stipulations dotales qui y sont renfermées ne dérogent plus seulement au droit commun des conventions matrimoniales ; elles viennent, en outre, contredire et limiter le régime adopté par les époux pour être la base de leur union pécuniaire. Il est dès lors absolument nécessaire que les parties indiquent d'une façon formelle les modifications qu'elles prétendent apporter au régime de leur choix, et précisent très clairement, à raison même de leur nature exceptionnelle, les stipulations dotales qu'elles veulent y introduire. Il faut tenir compte, en outre, de la situation dangereuse où vont se trouver les tiers, et du véritable guet-apens qui leur est préparé. Quand la femme se soumet purement et simplement au régime dotal, une simple déclaration suffit pour éclairer les tiers ; dès les premières lignes du contrat de mariage, ils voient que le régime de la dotalité constitue le droit commun pour les époux, et ils doivent savoir à quoi s'en tenir. S'il y a, du reste, quelques modifications ultérieures cachées ou ambiguës qu'ils n'ont pas découvertes ou comprises, peu leur importe ; car ces dérogations, tendant nécessairement à adoucir ou à supprimer quelques-unes des rigueurs primitives, ne peuvent jamais que leur être favorables. Mais il n'en est pas de même dans l'hypothèse d'un régime mixte, où l'on prend comme base le régime de la communauté, et où ce n'est qu'ensuite, à titre accessoire, et par voie d'exception, qu'on y fait entrer subrepticement le régime dotal. Là, non seulement on y introduit le régime dotal, après coup, par voie détournée et indirecte, ce qui logiquement réclame déjà une manifestation de volonté plus expresse qu'à l'ordinaire, mais on l'y introduit, après avoir posé, comme base fondamentale, un principe absolument contraire, un principe de liberté qui fait croire à l'entière disponibilité de tous les biens. Il y a là pour la femme une situation si extraordinaire, et pour les tiers une position si dangereuse, que pour rendre opposables des clauses dotales ainsi stipulées, il faut absolument non plus un simple ensemble de clauses, mais une déclaration spéciale qui soit tellement nette, qu'elle ne puisse laisser aucun doute sur la volonté des parties, ni se prêter à aucune autre interprétation. Un arrêt de la Cour de Paris (du 19 juin 1884, *S.* 84-2-193) pose du reste ce principe en termes très nets :

« Considérant qu'elle (la déclaration de dotalité) « ne saurait résulter que d'une clause expresse qui « éclaire les tiers sur l'existence du régime, d'une « manière telle qu'ils ne puissent se méprendre sur « le sens juridique de la stipulation, et qu'ils en « saisissent facilement et sans aucune équivoque le « caractère et la portée ;

« Considérant que cette obligation essentielle « s'impose plus rigoureusement encore, alors que « le régime adopté par les époux étant celui de la « communauté de biens, les modifications qui « auraient pour objet de dotaliser tout ou partie « des biens de la femme opéreraient une transfor- « mation absolue du régime adopté... »

Pour saisir, au surplus, toute la différence qui existe entre les deux hypothèses, il suffit de lire quelques solutions de jurisprudence et de s'attacher particulièrement à la force et à l'énergie des termes employés par nos magistrats pour préciser le degré d'évidence qu'ils exigent dans l'intérêt des tiers.

Cassation, 14 décembre 1858 (*S.* 59-1-229) : — « Attendu que leur stipulation doit être conçue en termes tellement clairs que les tiers ne puissent être induits en erreur sur la faculté exorbitante, accordée à la femme... »

Cassation, 1er mars 1859 (*S.* 59-1-402) : — « Attendu qu'il ne suffirait pas, en l'absence d'une stipulation explicite, de rechercher dans une interprétation des termes du contrat de mariage, si les époux ont entendu que... »

Lyon, 14 janvier 1868 (*S.* 68-2-7) : — « Attendu que ces stipulations constitueraient un état tellement anormal et tellement exorbitant, qu'il ne pourrait résulter que des stipulations les plus formelles et les plus explicites... »

Caen, 12 juin 1878 (*S.* 78-2-251) : — « Attendu que cette clause, pour être opposable aux tiers, doit être conçue en termes tellement clairs et tellement explicites qu'il soit évident, à la simple lecture des conventions matrimoniales, que les immeubles de la femme sont, au respect de tous, inaliénables et insaisissables... »

SECTION III

Conséquences pratiques de cette condition de validité

Au point de vue pratique, la nécessité d'une déclaration très expresse est de la plus grande importance : car si on en juge par les exemples que nous offrent les recueils de jurisprudence, elles sont nombreuses, les femmes mariées qui ont essayé de rentrer, sans bourse déliée, en possession d'immeubles qu'elles avaient volontairement et définitivement aliénés, dix ou vingt ans auparavant, en opposant une simple clause de remploi qui, selon elles, consacrait leur inaliénabilité ; et elles ne manquent pas non plus, celles qui, après avoir souscrit librement sous garantie d'importants emprunts, ont cherché ensuite à ne pas payer leurs dettes et à arrêter les poursuites judiciaires qu'on leur intentait, en invoquant l'insaisissabilité de leurs biens, insaisissabilité que, seule une longue réflexion secondée par la misère, leur avait fait découvrir dans une clause de reprise d'apports francs et quittes. Aussi, avant de clôturer ces longues observations, semble-t-il opportun de faire ressortir les principes qui les dominent, et de signaler immédiatement les conséquences pratiques qui en dérivent.

Dans ces régimes mixtes, où l'on combine le régime de la communauté avec une ou plusieurs règles du régime dotal, il est deux principes essentiels qui doivent guider ceux qui ont à les interpréter :

1° Le régime de la communauté constitue le droit commun des conventions matrimoniales, et le régime dotal n'y est introduit qu'à titre de dérogation.

En conséquence :

I. Les stipulations dotales doivent être, quant à leur application, strictement restreintes aux cas pour lesquels elles ont été expressément prévues.

II. Si la stipulation est quelque peu douteuse, obscure, ambiguë, on doit l'interpréter dans le sens du droit commun, et lui faire produire les effets qui sont le plus conformes à la nature du contrat.

III. En cas de conflit, et pour tout ce qui n'a pas fait l'objet d'une réglementation particulière, ce sont les principes du régime de la communauté qui doivent gouverner les rapports pécuniaires des époux.

2° Les stipulations dotales ne sont opposables aux tiers, et par conséquent valables à leur égard, que si elles sont absolument formelles et explicites.

De là, il suit que :

I. Toute clause dotale, équivoque ou incertaine, doit toujours être interprétée dans le sens le plus favorable aux tiers.

II. Toute clause dotale ne doit produire ses effets normaux que s'il est impossible de lui donner une autre signification.

Ces principes, il était nécessaire de les faire ressortir, car ils vont être d'une application constante et servir de guide dans l'examen particulier de chaque espèce. En effet, la validité des régimes mixtes étant admise et justifiée, les conditions de cette validité étant définies et précisées, il va être enfin possible d'étudier, dans le détail, les différentes conventions qui sont susceptibles de réaliser une alliance entre le régime de la communauté et le régime dotal. D'un autre côté, les observations qui précèdent permettent déjà de prévoir les difficultés que peut suggérer pareille étude, et nous mettent à même de pressentir que toutes ces difficultés vont finalement se rapporter à l'une de ces questions : Tout d'abord, telle stipulation dotale déterminée, est-elle renfermée dans les limites permises? implique-t-elle de la part de ses auteurs une volonté certaine et manifeste? est-elle suffisamment nette et précise pour ne laisser aucun doute dans l'esprit des tiers? en un mot, est-elle pleinement valable tant à l'égard des parties que vis-à-vis des tiers? — Ensuite, quels sont, en présence du régime adopté par les époux, les effets qu'on doit rationnellement lui attribuer, et comment ceux-ci se combinent-ils avec les principes de la communauté?

Ce qui semble, *a priori*, plus difficile, c'est d'examiner toutes les hypothèses possibles de combinaison : la liberté des conventions matrimoniales n'a pas de cadre fixe ; et il semble qu'elle peut, à chaque instant, trouver, dans la chaîne qui relie le régime de communauté au régime dotal, un degré intermédiaire nouveau jusqu'alors inconnu. Cela est vrai sous un certain rapport, et il est certes impossible de tout prévoir : mais, si l'on réfléchit que le régime dotal a deux caractères propres : l'inaliénabilité et l'insaisissabilité (je dis deux, car le troisième, l'imprescriptibilité des biens dotaux ne peut, à raison du caractère presque sacré donné à l'institution de la prescription : *Patrona generis humani*, faire l'objet d'une convention valable) (1), il est permis de ramener toutes les hypothèses possibles à quelques types déterminés. On peut supposer, en effet, qu'au régime de la communauté, les conjoints

(1) Voir *infra*, page 122.

voudront joindre (s'ils n'ont stipulé une soumission complète au régime dotal pour certains de leurs biens) et l'inaliénabilité et l'insaisissabilité des biens de la femme. D'autres se contenteront de l'inaliénabilité, les uns la voulant absolue, les autres conditionnelle. Quelques-uns enfin n'emprunteront au régime de la dotalité que son insaisissabilité. Et l'expérience révèle qu'à ces quatre modes de combinaison, on a imaginé quatre clauses correspondantes, qui nous apparaissent successivement sous la forme :

1° D'une stipulation d'incapacité contractuelle de la femme mariée ;

2° D'une stipulation d'inaliénabilité pure et simple ;

3° D'une stipulation de remploi ;

4° D'une stipulation de reprise d'apports francs et quittes de toutes dettes.

Ce sont ces quatre clauses que nous nous proposons d'examiner successivement, au point de vue rationnel et historique, dans leur teneur et leurs effets.

DEUXIÈME PARTIE

Des stipulations réalisant une combinaison du régime de la communauté et du régime dotal

CHAPITRE IV

DES PRINCIPES COMMUNS A TOUTE CONVENTION DOTALE STIPULÉE PAR UNE FEMME MARIÉE SOUS LE RÉGIME DE LA COMMUNAUTÉ

Avant de rechercher, pour chacune de ces stipulations, quelle en est l'origine et la validité, quelles sont les conséquences qu'on leur a attribuées, et quels sont les effets que rationnellement on doit leur faire produire, il semble utile, sinon nécessaire, pour éviter des répétitions et des lacunes, d'établir auparavant, au début de cette étude, l'ensemble des principes communs à chacune de ces espèces. Ces principes généraux, il est facile de le prévoir, se rapportent tous aux deux considérations suivantes : 1° Quels sont les biens qui peuvent être frappés de dotalité ; et dans cette limite maximum, quels sont ceux qui, d'après les termes du contrat de mariage, doivent être regardés comme tels ; 2° Pour ces mêmes biens, quels sont, en tout état de cause, et quel que soit le degré de dotalité dont ils sont frappés, les principes de la communauté qui nécessairement leur restent applicables. Que les règles afférentes à ces deux ordres d'idées soient communes à toutes les espèces possibles, cela n'est pas douteux, puisque les unes ont leur raison d'être dans le caractère dotal que revêt chacune d'elles, et que les autres sont la conséquence directe et nécessaire du point de départ initial, qui est l'adoption du régime de la communauté comme base de l'association conjugale.

Dans les développements qui vont suivre, on prendra pour type de combinaison, une stipulation d'inaliénabilité ; mais il est bien entendu que ce qui sera dit pour cette espèce s'appliquera indifféremment à toute autre.

I

DES BIENS QUI SOUS UN RÉGIME DE COMBINAISON DOIVENT ÊTRE REGARDÉS COMME DOTAUX

D'abord, tous les biens matrimoniaux ne peuvent être indifféremment stipulés inaliénables.

SECTION I

Des biens qui peuvent être stipulés dotaux

Il y a à cela deux restrictions. Premièrement, la stipulation d'inaliénabilité, devant être strictement renfermée dans les limites de l'article 1554, ne peut atteindre que les biens qui, sous le régime dotal, sont susceptibles d'être frappés de dotalité.

Deuxièmement, cette même stipulation d'inaliénabilité devant, à raison de son caractère accessoire, se combiner avec le régime de la communauté, que les parties ont pris pour être la base de leur union, doit être assez restreinte, pour ne jamais le contredire.

§ I. — *Limitations résultant du texte de loi autorisant la stipulation des conventions dotales*

L'article 1554, qui fixe le maximum d'étendue que peut avoir une stipulation d'inaliénabilité, pose le principe suivant : Les immeubles constitués en dot ne peuvent être ni aliénés ni hypothéqués, ce que l'on peut traduire ici, étant donné son caractère d'exception : Les immeubles constitués en dot peuvent seuls être déclarés inaliénables.

Les biens constitués en dot, appelés souvent biens dotaux, ou tout simplement dot, sont, aux termes mêmes de l'article 1540, ceux que la femme apporte au mari, soit en propriété, soit en jouissance, pour l'aider à supporter les charges du mariage. La dot n'est pas, au surplus, l'apanage exclusif du régime dotal; elle existe sous tous les régimes (1); seulement, sous le régime dotal, les biens dotaux reçoivent, à l'encontre des autres propres de la femme, dits paraphernaux, une protection qu'ils n'ont pas ailleurs et qui réside tout entière dans l'inaliénabilité. Mais cette inaliénabilité dotale, que l'on veut introduire sous le régime de la communauté, n'a été établie par le législateur que pour mettre à l'abri de toute diminution et conserver intégralement intact le patrimoine, spécialement et officiellement destiné à soutenir les charges du mariage et à assurer l'entretien de la famille. Appliquée à un bien qui n'aurait pas cette destination sacrée, à un bien, par exemple, dont la femme jouit

---

(1) Sous le régime de la communauté, la dot comprend tous les biens de la femme, puisque tous sont apportés au mari soit en propriété, soit en jouissance. — Il en est de même sous le régime d'exclusion de communauté. — Sous le régime de la séparation de biens, au contraire, la dot ne comprend que la partie des revenus que la femme s'engage soit expressément, soit tacitement, à verser entre les mains du mari.

en propre, elle n aurait plus sa raison d'être et deviendrait illicite. Il s'en suit donc, tant au point de vue rationnel qu'au point de vue positif, que les seuls biens qui puissent être valablement déclarés inaliénables, ce sont les biens dotaux, puisqu'ils sont les seuls à avoir la destination qui puisse justifier la faveur de l'inaliénabilité. — Sous le régime de la communauté, où tous les biens sont dotaux, cette première condition n'a pas grande importance pratique (il en est autrement sous le régime de la séparation de biens, où, précisément, l'objection qui s'oppose le plus à la combinaison de ce régime avec le régime dotal, vient de ce que les biens de la femme n'y sont jamais dotaux). On peut néanmoins en déduire : cette première conséquence, que la femme commune ne peut frapper d'inaliénabilité les biens dont elle s'est, par clause spéciale, réservé la jouissance (1) ; et cette seconde, que la dotalité ne peut atteindre les actions et reprises qu'elle peut acquérir au cours du mariage (2). — Mais de ce double fait, que dans l'article 1554, la loi n'envisage que la dot apportée par la femme, et qu'elle ne parle jamais que d'immeubles, il y a lieu de se demander si de son silence, ici bien significatif, il n'en résulte pas, pour toute stipulation d'inaliénabilité, deux nouvelles restrictions, dont l'une atteindrait les

---

(1) La Cour de Cassation permettant à la femme dotale de frapper d'inaliénabilité ses biens paraphernaux (voir Cassation, 17 février 1886, *S.* 86-1-161), adopterait sans doute la solution contraire.

(2) En ce sens, Cassation, 1er mars 1859, *S.* 59-1-402.

biens du mari, et l'autre tous les biens mobiliers, tant du mari que de la femme.

Le mari, lui aussi, apporte généralement un patrimoine qui est également destiné à soutenir les charges du mariage (il en est tout au moins ainsi sous le régime de la communauté); mais dans notre législation, ce patrimoine, qui chez les Romains recevait une dénomination spéciale, *donatio propter nuptias*, ne constitue jamais une dot, au sens strict du mot. La preuve en est l'article 1540 lui-même. Cette différence n'est du reste pas sans raison. Pour sa dot, la loi permet à la femme de se créer des privilèges ; et cette situation de faveur qui lui est faite, ne lui est accordée qu'à raison de sa faiblesse naturelle, de son incapacité des choses juridiques, et de la situation d'infériorité et de dépendance qu'elle a vis-à-vis de son conjoint. Ces raisons n'existent pas pour le mari ; et vis-à-vis de lui, il est hors de doute que toute stipulation qui tendrait à lui procurer quelque avantage exceptionnel ou à restreindre tant soit peu l'étendue de ses droits personnels ou de ses prérogatives maritales, serait illicite et partant inexistante.

Aussi ne saurait-on trop protester, à mon sens, contre un arrêt de la Cour de Cassation, en date du 30 novembre 1886 (*S.* 87-1-401), qui a validé un contrat de mariage où le mari était indirectement arrivé, par un ensemble de clauses, à rendre pratiquement une partie de son apport inaliénable. Voici, du reste, quelle était l'espèce : Les deux conjoints avaient adopté le régime de la communauté et stipulé en outre : qu'une somme de 300,000 francs provenant, pour parties égales, de leurs apports respectifs, serait employée à faire immédiatement après le mariage l'acquisition d'une maison sise à Paris ; que l'immeuble ainsi acheté serait dotal, quant à la part et portion indivise appartenant à la future épouse ; et qu'il ne pourrait être aliéné que pour faire l'acquisition d'un autre immeuble, indivis entre les deux époux, chacun pour moitié, et d'une valeur d'au moins 300,000 francs. Au bout de 20 ans de mariage, le mari, désirant vendre la moitié indivise dont il était propriétaire, invoque l'article 815, et provoque la licitation judiciaire de l'immeuble. Débouté de ses demandes, fins et conclusions par le Tribunal de la Seine et la Cour d'appel de Paris, il se pourvoit en Cassation en invoquant trois moyens : la violation, par son contrat de mariage, de l'article 815, de l'article 1554 et de l'article 1388. Mais la Chambre des requêtes trouve que dans ces conventions matrimoniales tout est régulier et licite, et finalement elle épuise le litige par un arrêt de rejet. Cet arrêt, qui jusqu'à présent est resté isolé, ne paraît pas bien juridique (1). Sans parler de la con-

(1) Cet arrêt, dit M. Bartin (*Etude sur le régime dotal*, préface, page xi), est inexplicable d'après le Code ; mais, bien qu'erroné, il se comprend très bien dans le système de la jurisprudence, dont il n'est que l'exagération. La jurisprudence, en effet, favorise, dans l'intérêt de la famille, la création d'un patrimoine dotal ; et c'est dans un excès de zèle qu'elle a compromis cette conception féconde

vention d'indivision qui, contrairement a ce qu'en a pensé la Cour suprême, ne paraît pas valable, puisqu'elle est faite par des personnes qui sont associées pour une durée, limitée sans doute, mais par un terme incertain, on peut dire qu'il y a, dans l'ensemble de ce contrat de mariage, violation des articles 1554 et 1388. Sans doute, le mari ne stipule pas ouvertement que son immeuble sera dotal; mais en fait, il frappe un de ses propres d'une inaliénabilité et d'une insaisissabilité absolues. Pour cet immeuble, dont il est propriétaire pour moitié, il se met, pour toute la durée du mariage, dans les liens d'une indivision irrévocable avec un bien stipulé dotal; il accepte de ne vendre ce qui lui appartient qu'avec le consentement de sa femme; il s'engage enfin à ne jamais l'aliéner que sous condition de remploi ; en un mot, il lie son apport à celui de sa femme, et prend pour lui les garanties que, par faveur exceptionnelle, la loi accorde à celle-ci. Cette combinaison, qui rend réellement indisponible une partie de son patrimoine, se trouve, de plus, incompatible avec les prérogatives maritales que la loi lui donne. Puisque le mari ne peut valablement renoncer aux droits qu'il a sur les biens de la communauté, à plus forte raison ne peut-il abdiquer ceux qu'il a sur ses propres.

« Il faudrait, dit Marcadé, déclarer nulle toute

---

et originale en permettant au mari de faire entrer, lui aussi, ses biens dans ce patrimoine dotal qui évidemment ne peut jamais appartenir qu'à la femme.

« convention par laquelle l'époux porterait atteinte « à son droit de disposition ou d'administration de « ses biens propres. Stipuler qu'un mari s'interdit « d'administrer tout ou partie de ses biens, ou qu'il « renonce à les aliéner sans le consentement de sa « femme, ce serait renverser complètement l'ordre « et insulter à la dignité maritale. »

Sur ce premier point, donc, il ne saurait y avoir de doute. Les biens du mari ne peuvent être rendus inaliénables, et toute stipulation tendant soit directement, soit indirectement à ce but, doit être déclarée inexistante.

Toute stipulation d'inaliénabilité reçoit, par suite, une première limitation dans la personne même du stipulant : la femme mariée seule peut faire pareille convention. N'en subit-elle pas encore une seconde dans la nature des biens susceptibles d'en être l'objet ? En d'autres termes, les biens dotaux de la femme peuvent-ils être tous indifféremment stipulés inaliénables, qu'ils soient meubles ou immeubles ?

A ne consulter que le texte de ce même article 1554, et à suivre le principe d'interprétation stricte qui s'impose en une matière aussi exceptionnelle, il semble qu'une seconde limitation s'impose ; et pourtant, la question de savoir si, sous le régime dotal, la dot mobilière est inaliénable, est une des plus controversées, sur laquelle la doctrine et la jurisprudence sont, depuis la rédaction du Code, en conflit absolu.

En droit romain, le mari avait comme *dominus*

dotis le droit d'aliéner les meubles dotaux ; et la femme n'avait, quoi qu'en aient dit certains commentateurs (1), reçu pour sa dot mobilière aucune protection spéciale, autre que celle qui résultait pour elle de l'exercice de son hypothèque privilégiée et de l'application du sénatus-consulte velléien. Mais en passant dans notre ancien droit français, la solution du droit romain, qui paraît bien n'avoir admis l'inaliénabilité que pour les immeubles, fut modifiée, et l'aliénabilité mobilière ne fut pas conservée dans la plupart des pays de droit écrit. Désireux d'entourer la dot mobilière de garanties efficaces, et refusant néanmoins à la femme de lui donner un droit de suite à son sujet *mobilia non habent sequelam*, les Parlements frappèrent ces meubles dotaux d'une quasi inaliénabilité en établissant ce double principe : que la femme ne pouvait renoncer à son hypothèque légale, et que les engagements par elle contractés n'étaient pas susceptibles d'être exécutés sur ses meubles dotaux. C'est tout au moins ce qui semble ressortir de l'exposé que donnent ODIER (tome III, n° 1234), et TESSIER

(1) Selon TESSIER, (n° 58, note 299, tome Ier, page 289), la dot mobilière, bien qu'aliénable, ne pouvait pas se perdre pour la femme : si le mari était solvable à l'époque de la restitution de la dot, la femme se remplissait du montant de sa dot sur les biens du mari ; s'il était, au contraire, insolvable, elle avait, outre son action hypothécaire, une action en revendication utile contre les tiers détenteurs de ses meubles dotaux. Mais il y a là, paraît-il, de sa part, une interprétation erronée de la loi 30 au Code : *De jure dotium.* (Voir AUBRY et RAU, tome V, § 537 bis.)

(nos 91 à 99). Mais cette pratique n'était, même dans les provinces de droit écrit, ni générale ni uniforme ; et Domat a l'air de considérer l'inaliénabilité mobilière comme une exception (1). — Les rédacteurs du Code civil ne firent pas disparaître cette contrariété de doctrine (2) ; et après la promulgation du Code, les divergences ne firent même que s'accentuer, en se précisant toutefois. Toute la doctrine, avec Toullier, Duranton, Troplong, Marcadé, Guillouard, Laurent, Aubry et Rau, Colmet de Santerre, Baudry-Lacantinerie, se prononce pour l'aliénabilité de la dot mobilière : elle invoque le texte de l'article 1554, et la rubrique de la section II du chapitre III du titre V du livre III du Code ; elle limite l'exception dotale au cas expressément prévu, et, dans le doute, elle l'interprète en faveur du droit commun. Au point de vue des principes, cette solution ne peut être critiquée. — La jurisprudence, au contraire, s'inspire de considérations pratiques, et consacre la solution opposée. Impressionnée par ce fait que le régime dotal, avec l'inaliénabilité restreinte aux immeubles,

---

(1) Il faut aussi remarquer, dit Domat (*Lois civiles*, livre I, titre IX, section I, n° 13), qu'en quelques provinces, la femme ne peut même pas s'obliger avec autorisation de son mari, ce qui lui conserve sa dot entière, soit mobilière, soit immobilière.

(2) En dehors du texte même de l'article 1554, on n'a aucune donnée : les travaux préparatoires peuvent également être invoqués par les partisans des deux opinions ; et la discussion au Conseil d'Etat s'est terminée par le vote de cette proposition : Le Conseil d'Etat adopte le principe de l'inaliénabilité de la dot. (Locré, tome XIII, p. 206.)

resterait souvent incomplet et n'atteindrait qu'imparfaitement le but en vue duquel il a été établi, elle prétend que le Code civil a adopté le régime dotal tel qu'il était conçu dans l'ancien droit, et regarde comme un complément de législation les principes consacrés jadis par nos vieux Parlements. Aussi, depuis l'arrêt solennel rendu par la Cour de Cassation, le 14 novembre 1846 (*S.* 46-1-824), toutes les Cours d'appel, suivant l'exemple que leur donnait la Cour suprême, se sont-elles prononcées successivement (Limoges, 1834, Caen, 1836, Poitiers, 1836, Amiens, 1837, Angers, 1839, Rouen, 1849, Orléans, 1850, Lyon, 1851) pour l'inaliénabilité de la dot mobilière. La doctrine, ses réserves une fois faites, paraît au surplus approuver assez volontiers cette jurisprudence, qui, elle le reconnaît elle-même, s'impose.

« Pourquoi, dit Laurent, chercher des arguments juridiques à l'appui d'une doctrine qu'aucun « argument ne peut justifier, puisque l'inaliénabilité du mobilier dotal ne pourrait être admise « qu'en vertu d'un texte formel, et que ce texte « n'existe pas. Avouons-le, la jurisprudence nouvelle, de même que celle des Parlements, a « fait la loi en obéissant aux exigences d'un état « social nouveau. Notre société est devenue commerciale, industrielle ; la richesse mobilière prend « une importance tous les jours croissante. Il en « résulte que les dots immobilières sont la règle « et les dots mobilières l'exception. Si l'on veut « maintenir le régime dotal, il faut étendre l'ina-

« liénabilité à la dot mobilière. C'est ce qu'a fait « la jurisprudence (1). »

Et actuellement, dans la pratique des affaires, on considère comme un principe constant que la dot mobilière peut être stipulée inaliénable, aussi bien que la dot immobilière.

Mais contre l'inaliénabilité de la dot mobilière, stipulée par une femme commune, il est une autre objection que l'on peut faire. Il ne suffit plus, en effet, que la stipulation d'inaliénabilité soit licite en elle-même, il faut, en outre, qu'elle soit valable dans la situation spéciale où elle se trouve placée ; et pour cela, il faut qu'elle respecte les principes essentiels du régime auquel elle déroge, et qu'elle se combine avec les règles de la communauté, sans en contredire aucune.

§ II. — *Limitations résultant de la nécessité pour la convention dotale de se combiner avec les principes du régime de la communauté.*

Certes, la femme commune ne peut songer à frapper de dotalité ceux de ses biens qui tombent dans la communauté. Les articles 1554 et 1449 s'excluent réciproquement : un même bien ne peut être déclaré inaliénable on insaisissable, et être en même temps à la libre disposition du mari. Pour

(1) Dans le même sens : GUILLOUARD, tome IV, n° 2058, et AUBRY et RAU, tome V, page 599, note 6.

les immeubles, il ne peut y avoir de difficulté, puisqu'ils constituent des propres et restent la propriété exclusive de la femme. Il n'en est pas de même pour les meubles, qui, sauf convention contraire, tombent de plein droit dans la communauté. Sous le régime de la communauté réduite aux acquêts, cet écueil est évité, puisque les meubles y restent propres, et que la communauté ne comprend que les bénéfices et les biens acquis à titre onéreux. Mais si le régime adopté par les époux est celui de la communauté légale, la stipulation d'inaliénabilité portant sur des meubles sera-t-elle valable ? Cette question, pourtant toute naturelle, ne paraît pas avoir préoccupé les jurisconsultes ; et si l'on n'en trouve trace dans leurs écrits, c'est qu'elle se résout affirmativement, ce me semble, par cette simple considération, que la femme, en rendant ses biens mobiliers inaliénables, a voulu se les réserver propres ; et que par suite la stipulation d'inaliénabilité emporte par elle-même réalisation tacite de l'objet auquel elle s'applique.

On s'est néanmoins demandé si une femme mariée sous le régime dotal avec société d'acquêts (et la même question se pose pour une femme mariée sous un régime de communauté « dotalisé ») pouvait valablement stipuler que la part qui lui sera attribuée, à la dissolution de la société conjugale, dans le partage des acquêts, sera inaliénable. — Une semblable convention paraît licite. Faite par contrat de mariage, elle ne va pas à l'encontre de l'article 1543 qui prohibe l'augmentation de la masse dotale pendant le mariage ; de plus, elle ne porte aucune atteinte aux droits du mari comme chef ; car, tant que dure l'association conjugale, le mari conserve le droit d'aliéner les conquêts ; et quand, à la dissolution de cette société, la clause dotale frappera d'inaliénabilité les biens mis, par le partage, au lot de la femme, elle ne pourra jamais comprendre que les biens dont le mari n'aura pas disposé. D'autre part, on ne peut dire que cette convention fait acquérir à la femme des biens inaliénables après la dissolution du mariage, car, en vertu de l'effet rétroactif attaché au partage, les biens mis dans son lot, et à elle attribués, seront réputés lui avoir appartenu à dater du jour même de leur acquisition, par conséquent à dater d'une époque antérieure à la dissolution du mariage. Mais on (1) a fait une autre objection. Si la communauté, a-t-on dit (arrêt de la Cour de Cassation du 29 juin 1847, *D.* 47-1-295), vient à être dissoute par un jugement prononçant la séparation de biens, ces biens de communauté, qui étaient de libre disposition, vont immédiatement devenir inaliénables entre les mains de la femme ; et si la séparation n'est que temporaire, ces mêmes biens vont, par le rétablissement de la communauté, redevenir aliénables, pour retomber ensuite, à la mort de l'un des conjoints, sous la loi de l'exception dotale. Ils seraient ainsi frappés, en

---

(1) De Folleville, *Revue pratique*, année 1875, page 225.

quelque sorte, d'une dotalité intermittente, ce qui est inadmissible. Ce reproche ne paraît pas justifié ; car de deux choses l'une : ou la séparation de biens sera définitive, et les biens de la femme ne cesseront pas d'être inaliénables ; ou bien, au contraire, la communauté sera valablement rétablie par la volonté des époux ; les biens remis à la femme seront alors réputés n'avoir jamais été inaliénables, et leur retour à la liberté ne peut être de nature à porter préjudice aux droits des tiers.

Il faut toutefois le reconnaître, cette convention, par laquelle une femme mariée sous le régime de la communauté d'acquêts, stipule l'inaliénabilité de la part qui doit lui revenir dans le partage des acquêts, est assez rare en pratique ; et la jurisprudence ne paraît pas jusqu'à présent avoir eu à l'apprécier dans l'hypothèse où nous l'envisageons. On trouve, au contraire, dans les recueils d'arrêts (mais chose curieuse et digne d'être notée, depuis quelques années seulement), des contrats de mariage où la femme, mariée soit sous la communauté légale, soit sous la communauté d'acquêts, stipule l'inaliénabilité d'un ou de plusieurs de ses propres mobiliers ; et la jurisprudence paraît n'avoir jamais hésité à consacrer la validité de pareille convention, qu'elle portât sur des valeurs mobilières, des créances ou des sommes d'argent. La première décision de ce genre paraît être celle rendue par la Cour de Cassation, le 3 février 1879 (*D.* 79-1-246), qui envisage avec faveur un titre de rente sur l'Etat rendu inaliénable et indisponible. Viennent ensuite, à des époques très rapprochées : un arrêt de la Cour d'Amiens, du 14 juin 1890 (*S.* 90-2-169), qui annule la cession d'une créance de 76,000 francs déclarée inaliénable ; un arrêt de la Cour de Cassation, du 21 février 1894 (*D.* 94-1-294), qui permet à la femme de stipuler que ses biens mobiliers ne seront aliénables que sous remploi ; enfin un arrêt de la Cour de Cassation, du 13 novembre 1895 (*D.*96-1-14), qui déclare insaisissable une somme de 400,000 fr., frappée par le contrat de mariage d'inaliénabilité et d'indisponibilité. Il est même curieux de remarquer que, quand il s'agit d'une stipulation dotale, concernant une dot mobilière, la Cour suprême semble se montrer moins difficile pour la déclaration expresse, et se relâcher un peu de sa rigueur ordinaire. Ainsi l'arrêt du 3 février 1879, déjà cité, semble faire résulter la dotalité du titre de rente litigieux d'un simple ensemble de clauses ; et l'arrêt du 21 février 1894 paraît rendre de plein droit opposable à des tiers acquéreurs la clause de remploi, qui était apposée comme condition de l'aliénabilité de certains propres mobiliers, sans que cette clause fît mention expresse de leur responsabilité.

La fréquence de pareilles conventions matrimoniales et la faveur avec laquelle les tribunaux les accueillent semblent du reste répondre à un ensemble de faits bien significatifs. Dans notre société actuelle, étant donnés ses rouages et son organisation, il n'y a presque plus de dots immobilières. Avec l'accroissement de la richesse, la multiplication et la prospérité des sociétés anonymes, la fortune mobilière s'est considérablement augmentée, tandis que la propriété foncière s'est trouvée, par contre, aussi diminuée que délaissée. Aussi, devant cet état de choses, on a senti le besoin, à un moment où l'esprit d'aventure et de spéculation cause de si grandes débâcles, de protéger, par des clauses spéciales, les apports, presque toujours mobiliers des femmes communes, apports pour lesquels la simple protection d'une hypothèque légale, souvent illusoire et insuffisante en cas d'insolvabilité du mari, fait courir de si grands risques. Et si l'on en croit les études publiées dans les Revues du notariat, il y aurait en ce moment, et principalement dans le ressort de la Cour de Paris, une tendance marquée à prendre, comme régime matrimonial, un régime de communauté d'acquêts, tempéré par l'insertion d'une stipulation dotale qui assure, au moins contre le mari, la conservation intégrale d'une partie de la dot mobilière de la femme.

De toutes ces observations, il résulte donc qu'une femme commune, qu'elle ait adopté la communauté légale ou la communauté d'acquêts, peu importe, a toujours la faculté, et doit quelquefois avoir la prudence de protéger son apport mobilier par la stipulation de quelques garanties dotales. En d'autres termes, la nécessité pour une clause d'inaliénabilité de se combiner avec le régime de la communauté, sans le contredire, ne lui fait subir aucune nouvelle restriction qui ne lui soit déjà imposée par le caractère limitatif du texte qui l'autorise. De telle sorte qu'en adoptant le système de la jurisprudence sur l'inaliénabilité de la dot mobilière, on peut résumer toute la première partie de ce chapitre, en disant que tous les biens dotaux, meubles ou immeubles, de la femme commune, et ceux-là seuls, peuvent faire valablement l'objet d'une stipulation d'inaliénabilité ou de toute autre convention dotale.

Ce principe constitue pour toute stipulation dotale une limite maximum. Mais il arrive souvent que la femme ne veut pas aller jusqu'au maximum ; et il importe alors de déterminer quels sont ceux de ses biens qu'elle entend rendre inaliénables.

SECTION II

Des biens qui doivent être regardés comme stipulés dotaux.

Sans doute, l'application réelle de la stipulation dotale sera plus ou moins étendue, selon que la formule employée par les parties sera plus ou moins générale. Néanmoins, on peut prévoir les principales hypothèses de rédaction possibles, et poser quelques grandes règles qui permettront de donner ensuite une solution à toute espèce, quelle qu'elle soit. Les observations qui vont suivre ne seront, du reste, que le développement de deux mêmes principes : le premier de ces principes nous est déjà connu, il a sa raison d'être dans le caractère exceptionnel et accessoire qu'on doit attribuer à toute convention dotale stipulée sous un régime de communauté et consiste à n'étendre l'application de ces sortes de conventions qu'aux biens qui y sont expressément visés. Quand au second, il tient, d'une part aux effets spéciaux des clauses dotales qui réagissent sur les tiers, et d'autre part à l'essence des conventions matrimoniales qui est d'être immuable. Il trouve un écho partiel dans l'article 1543 et peut être ainsi formulé : la dot ne peut être ni augmentée ni diminuée pendant le mariage.

§ I. — *Détermination de la masse dotale au jour du mariage*

Pour connaître, à un moment donné du mariage, les biens qui sont atteints par la stipulation d'inaliénabilité insérée au contrat de mariage, il faut tout d'abord commencer par déterminer la masse de biens rendue dotale au jour du mariage, sauf à tenir compte ensuite, s'il y a lieu, des modifications ultérieures qui ont pu survenir. — Pour faire cette reconstitution, il suffit de s'en tenir rigoureusement aux termes employés par les conjoints dans leurs conventions matrimoniales.

Devant la nécessité déjà justifiée de cette interprétation stricte, il est presque superflu de dire que les restrictions ordonnées sous un régime dotal s'imposent par *a fortiori* sous un régime de communauté dotalisé ; et il devient sans intérêt de rappeler, par exemple, qu'une stipulation dotale embrassant, en termes généraux, tous les biens de la femme, ne comprend pas ses biens à venir, mais seulement ses biens présents (1), article 1542. Pourtant, étant donné que l'expression « biens à venir » reçoit, en matière de dotalité, une signification toute restreinte ; qu'elle ne comprend que les biens qui pendant le mariage adviennent à la femme à titre lucratif, à l'exclusion des biens qu'elle pourrait acheter avec des économies (si elle s'est réservé la jouissance et la disposition d'une partie de ses revenus), il semble utile de faire remarquer qu'à défaut de mention expresse, une stipulation d'inaliénabilité, comprenant les biens présents et à venir, ne devra pas s'étendre à la part éventuelle que la femme est appelée à recevoir dans le partage de la communauté d'acquêts. — De même, si la convention stipulée par la femme comprend les biens qui lui écherront par succession, la clause ne comprendra pas les biens qui lui adviendront par donation et réciproquement.

Sous prétexte d'interprétation restrictive, il ne faut pas toutefois refuser aux clauses dotales l'étendue que rationnellement elles comportent. Ainsi, une stipulation portant sur tous les biens présents doit s'appliquer, non seulement aux biens qui sont actuellement dans le patrimoine de la femme au moment de la passation du contrat de mariage, mais encore à ceux qui doivent y entrer plus tard en vertu d'un droit déjà acquis susceptible de se réaliser avec effet rétroactif, ainsi, au bien

---

(1) En ce sens, pour l'hypothèse d'un régime mixte, Caen, 28 mai 1849 (*S.* 49-2-694), et Caen, 27 décembre 1850 (*D.* 51-2-245).

dont la femme serait, au jour de son mariage, propriétaire sous condition suspensive.— Une semblable clause portant sur tous les biens présents peut susciter quelques difficultés. Si, pendant le cours du mariage, l'un des immeubles stipulés inaliénables vient à périr par un incendie, l'indemnité d'assurance due à la femme sera-t-elle à son tour frappée de dotalité ? Si l'on admet (1) que cette indemnité, qui n'est pourtant que la compensation des primes payées par la communauté, doit se substituer au propre de la femme, et devenir propre à son tour, il semble que l'affirmative s'impose. On objecte : pour qu'il en soit ainsi, il faut que l'indemnité soit subrogée à l'immeuble ; et cette subrogation n'est prononcée par aucun texte, même par la loi du 19 février 1889 (articles 2 et 3), qui ne subroge l'indemnité d'assurance à la chose sinistrée que pour les créanciers hypothécaires et privilégiés. Il semble que c'est pousser un peu loin l'interprétation restrictive. Si la somme d'argent versée par la Compagnie d'assurances ne doit pas tomber dans la communauté, pourquoi ne pas lui donner le même caractère dotal que possédait le propre qu'elle remplace ? Les tiers, n'ayant pu acquérir de droits sur l'immeuble, ne peuvent être lésés de cette affectation ; et au moins par elle, la femme retrouve réellement l'équivalent de ce qu'elle a perdu (2). La solution contraire ne favorise que le mari, et

---

(1) Baudry-Lacantinerie, tome III, page 54.
(2) En ce sens, Aix, 6 janvier 1890 (S. 90-2-89).

va à l'encontre de l'immutabilité des conventions matrimoniales.

Outre ces généralités qui sont communes au régime dotal et au régime mixte, il est d'autres restrictions qui sont spéciales à ce dernier, et qui s'imposent néanmoins, bien qu'elles constituent des dérogations aux principes ordinaires de la dotalité.

Ainsi, sous le régime dotal, une stipulation de dotalité portant sur les biens présents ou les biens à venir embrasse tous les biens présents ou tous les biens à venir, qu'ils soient meubles ou immeubles. Il en est autrement sous le régime de combinaison que nous étudions : en effet, les meubles, devant tomber dans la communauté, ne peuvent en être retirés que par une mention spéciale ; et même, sous le régime de la communauté d'acquêts, où ils restent propres, ils ne peuvent être rendus dotaux que par une stipulation les visant expressément. De telle sorte que, si l'on se trouve en présence d'une stipulation d'inaliénabilité visant les immeubles de la femme, ou plus généralement ses biens présents ou futurs, l'on devra en conclure que ses meubles restent de libre disposition, qu'ils soient propres ou communs (1).

La même dérogation a lieu en ce qui concerne les fruits des immeubles stipulés dotaux. L'inaliénabilité dotale étant accordée pour sauvegarder le

(1) En ce sens, Rodière et Pont, tome Ier, no 86.

patrimoine affecté par la femme à l'entretien du ménage, on en a légitimement conclu qu'elle devait, pour être réellement efficace, s'étendre aux revenus de ces mêmes biens qui doivent faire vivre la famille ; et en fait, la doctrine et la jurisprudence se sont rencontrées, sauf des divergences dans l'application, pour décider que les revenus des biens dotaux étaient eux-mêmes dotaux, au moins dans la mesure où ils sont nécessaires à l'entretien de la famille. — Mais sous le régime de la communauté, les fruits des propres sont communs et disponibles ; et, pour leur enlever ce double caractère, il faut une stipulation précise. Or, quand la femme stipule l'inaliénabilité pour ses immeubles, il n'est pas certain qu'elle ait voulu du même coup frapper de dotalité les fruits que ces immeubles sont appelés à produire ; et le doute qui subsiste doit être interprété en faveur du droit commun. La Cour de Cassation avait tout d'abord refusé d'admettre cette limitation, pourtant nécessaire. Ainsi, le 24 août 1836 (*S.* 36-1-721) et le 15 mars 1853 (*D.* 53-1-81), elle avait annulé, contrairement à la Cour de Paris et conformément à la Cour de Caen, la saisie pratiquée par les créanciers d'une femme commune sur les revenus des biens déclarés par elle inaliénables. Mais depuis lors, elle est revenue, définitivement sans doute, sur sa propre jurisprudence, et a affirmé, dans un arrêt tout récent, du 13 novembre 1895 (*D.* 96-1-14), le principe suivant : que les fruits des biens déclarés dotaux suivent leur condition ordinaire et tombent en communauté, s'il n'y a convention contraire.

Etant donnés tel contrat de mariage et telle formule de stipulation dotale, il peut se faire qu'il y ait encore d'autres limitations à prononcer. Mais celles qui viennent d'être indiquées et qui sont, du reste, les principales, pourront servir de guide dans l'examen de toute autre espèce ; car elles font nettement ressortir les principes, qui toujours doivent dominer l'interprétation des clauses dotales, stipulées par une femme commune.

Mais cette masse de biens que l'on détermine au jour du mariage d'après les termes mêmes du contrat de mariage, la femme ne peut-elle pas la modifier, en plus ou en moins, pendant le mariage ? et le tiers, qui voudra contracter avec elle, ne va-t-il pas être obligé de faire encore d'autres recherches, pour être renseigné avec certitude sur le point de savoir, si tel bien qui lui est offert en vente ou en garantie est de libre disposition ou inaliénable ? Ces recherches, si elles étaient nécessaires, seraient, pour les tiers, très difficiles et très dangereuses. Aussi la loi n'a-t-elle pas voulu les exposer à de tels risques, et a-t-elle frappé la masse stipulée dotale par le contrat de mariage d'une immutabilité complète, en décidant que, pendant toute la durée du mariage, cette masse ne pourrait être ni augmentée ni diminuée.

§ II. — *De l'immutabilité de cette masse dotale pendant le mariage*

La dot, entendons la masse de biens rendue dotale, ne peut être augmentée. Cette prescription spéciale au régime dotal, article 1543, s'impose sous un régime de communauté dotalisé, car elle a sa raison d'être dans la protection qui est due aux tiers : *eadem res, eadem ratio.* S'il en était autrement, il serait facile aux époux de se procurer un faux crédit et de ruiner leurs créanciers par une petite supercherie bien simple, qui consisterait à montrer un contrat de mariage ne faisant porter la dotalité que sur un immeuble ou deux, et à tenir secret un autre acte postérieur, dont on ne saurait soupçonner l'existence, et duquel résulterait l'inaliénabilité de la plupart des biens. — Ce principe, que la dot ne peut être augmentée pendant le mariage, ne s'applique évidemment pas aux accroissements naturels ou artificiels que peut recevoir l'immeuble dotal (les tiers sont ici régulièrement avertis) : tels que l'augmentation de valeur par accession, la réunion par consolidation de l'usufruit à la nue-propriété, la plus-value résultant de nouvelles constructions ; mais défend au contraire toute création de nouveaux propres dotaux que les tiers ne peuvent prévoir à la lecture du contrat de mariage. Ainsi, les époux ne pourront attribuer valablement à un bien quelconque, fût-il acquis à titre gratuit, un caractère de dotalité qu'il n'aurait pas reçu dans le contrat de mariage. La volonté de leurs donateurs ne saurait avoir plus de puissance pour les biens, objet de leur libéralité ; et la stipulation d'une semblable condition devrait être réputée illicite et par suite non avenue, article 900. Si la stipulation, faite par le donateur, que les biens donnés seront inaliénables est nulle, ce n'est pas parce qu'elle est de nature à diminuer les droits de la donataire ou de son conjoint, — ainsi, le donateur peut valablement stipuler que le bien par lui donné ne tombera pas en communauté, et en cela il restreint les droits du mari sur ce dit bien. — La véritable raison d'être de cette nullité repose sur la protection qui est due aux tiers. S'il en était autrement, le donateur et le donataire, son complice, tendraient un piège aux tiers, qui, ne connaissant et ne pouvant connaître que le contrat de mariage, sont amenés et autorisés à regarder comme libres, tous les biens qui sont dans le patrimoine des époux et que les dispositions dotales du pacte nuptial ne déclarent pas inaliénables.

De même, les époux ne sauraient convenir, au cours du mariage, que tel immeuble ne pourra être valablement aliéné vis-à-vis des tiers que sous condition de remploi. La Cour de Paris paraît avoir décidé le contraire, dans un arrêt du 9 août 1870 (*D.* 71-2-113) ; mais, il faut le remarquer, l'espèce jugée y est tout autre. Lorsque, dit en substance cette décision judiciaire, le contrat de mariage d'époux soumis au régime de la communauté réduite aux acquêts stipule qu'une partie de la dot devra être employée en l'acquisition d'un immeuble que les époux seront libres d'aliéner et d'hypothéquer sans remploi, les conjoints peuvent valablement vendre cet immeuble et « convenir qu'il sera fait remploi du prix en achat d'un autre immeuble ». Comme on le voit, ce n'est plus ici une protection dotale opposable aux tiers que la femme stipule, mais une simple mesure de garantie qu'elle prend contre son mari pour assurer la conservation de son apport. Une telle convention ne saurait dès lors être déclarée illicite, même au point de vue de l'article 1395 qui déclare les conventions matrimoniales immuables.

L'article 1395 vient en effet limiter, lui aussi, la liberté des conjoints : et si l'article 1543 dit formellement que, dans l'intérêt des tiers, la dot ne pourra être augmentée, l'article 1395, décrétant dans un autre but, l'immutabilité des conventions matrimoniales, engendre à son tour cette conséquence opposée, à savoir, que pendant le mariage, la dot ne pourra être diminuée.

Cette fois, c'est dans l'intérêt de la femme, et pour la protéger, que cette seconde entrave est imposée à la liberté des époux. S'il était, en effet, permis à la femme de se démunir, soit d'une façon générale, soit même pour chaque cas particulier, des garanties dotales qu'un père affectionné et prudent lui a fait stipuler dans son contrat de mariage, elle aurait bientôt, sous l'influence de son mari, perdu, par quelques signatures complaisamment données, l'ensemble de ses garanties, et livré sa dot, qui était intangible, à un mari dissipateur et insolvable. Aussi ne peut-elle, ni par une convention passée avec son mari, ni par un arrangement conclu avec un tiers, enlever le caractère de l'inaliénabilité à un bien auquel ce caractère doit appartenir d'après le contrat de mariage.

Mais les conjoints seuls se trouvent ainsi liés : et

si les tiers donateurs ne peuvent pas, à cause des tiers, augmenter la masse dotale au cours du mariage, ils peuvent au contraire la diminuer, en ce sens qu'ils peuvent stipuler que le bien qu'ils donnent ne sera pas, nonobstant la volonté des donataires et leurs conventions antérieures, frappé de dotalité. Libres de ne pas donner, ils peuvent en effet donner sous condition, si la condition qu'ils imposent n'est pas de nature à porter préjudice aux droits des tiers : *Cessante causa, cessat effectus*. A ce principe, il faut toutefois apporter une restriction ; et s'il est fait à une femme qui, bien que commune en biens, a dotalisé tous ses biens à venir, des libéralités, sous la condition que les biens donnés seront des propres aliénables soumis aux règles de la communauté, cette condition devra, ce me semble, être déclarée nulle et réputée non écrite, si elle émane d'un ascendant sur la succession duquel la donataire a un droit de réserve, et si elle porte sur cette part indisponible du patrimoine (1). Car la femme cesserait d'être protégée, si, après avoir stipulé, pour se garantir, l'inaliénabilité de ses biens futurs, les biens réservataires, sur lesquels elle a, au jour de son mariage, une sorte de droit acquis et irrévocable, pouvaient, par l'intermédiaire d'une donation, lui advenir aliénables. Pour ce qui dépend, au contraire, de la quotité disponible, elle n'a que des espérances. Le parent qui pourrait la dépouiller

---

(1) En se sens, AUBRY et RAU, tome V, page 536 ; — GUILLOUARD, tome IV, nº 1737.

entièrement de cette partie de son patrimoine peut, à plus forte raison, ne la lui donner que sous réserve ; et d'autre part, l'intérêt des tiers ne peut l'empêcher de stipuler cette dérogation aux conventions matrimoniales, puisque dans l'espèce, son désir tend à améliorer leur condition.

De même que les conjoints ne peuvent rendre aliénable un bien qui a été stipulé inaliénable, de même la femme commune qui a voulu que tel de ses biens ne pût être aliéné que sous la condition qu'il serait remplacé par un autre équivalent, ne peut renoncer, soit vis-à-vis de son mari, soit vis-à-vis du tiers acquéreur, à la garantie qui résulte pour elle de cette obligation du remploi. Cette dernière application du principe de l'immutabilité des conventions matrimoniales a dû, dans la pratique des affaires, susciter quelques difficultés, car on trouve beaucoup de décisions judiciaires sur cette question. Parmi ces monuments juridiques, il en est un, émanant de la Cour de Lyon, en date du 11 juillet 1857 (*S.* 58-2-5), qui consacre une solution contraire (1).

---

(1) Attendu que la femme mariée sous le régime de la communauté peut renoncer au bénéfice de la clause de remploi ; qu'en effet le régime de la communauté n'enlève à la femme aucune portion de sa liberté naturelle ; que si elle ne peut changer les stipulations de la constitution matrimoniale qui les régit, elle peut toujours, par des dispositions particulières, à mesure que le cas s'en présente, se désister du bénéfice de ces stipulations ;

Attendu qu'ainsi, de même que la femme qui ne pourrait pas déclarer qu'elle entend se marier sans hypothèque légale, peut toujours cependant renoncer à son hypothèque légale sur tel fonds et en faveur de telle personne ; de même, quoique la femme ne puisse pas détruire d'une manière générale les stipulations de son

La Cour compare la garantie du remploi à la garantie de l'hypothèque légale, et fait le raisonnement suivant : De même qu'une femme ne peut pas, en se mariant, déclarer qu'elle refuse toute hypothèque légale ou qu'elle y renonce complètement par avance ; de même la femme commune, qui a voulu protéger sa dot par une clause de remploi, ne peut, d'une manière générale, renoncer à user de cette garantie. Mais de même que la femme mariée peut valablement renoncer, pour tel cas particulier, ou pour tel immeuble déterminé, à son hypothèque légale, de même il est loisible à la femme commune de renoncer, dans une hypothèse spéciale, à la garantie du remploi. L'assimilation de ces deux garanties paraît un peu risquée, car n'étant pas de même nature, elles ne peuvent être soumises à un même règlement : l'hypothèque légale de la femme mariée est une garantie légale, et l'obligation du remploi une garantie conventionnelle ; on conçoit, dès lors, qu'il puisse être permis à la femme de renoncer, par disposition individuelle, à une garantie qui lui est imposée, et qu'il lui soit au contraire défendu de renoncer à une garantie exceptionnelle que volontairement elle a cru devoir stipuler. Cet arrêt de la Cour de Lyon fut cassé le 1er mars 1859 par la Cour suprême, mais pour d'autres motifs ; il est, au surplus, contraire à une décision prise

contrat, elle peut toujours, par des dispositions individuelles, renoncer au bénéfice de ce remploi, dans tels cas et en faveur de telles personnes déterminées....

antérieurement, le 31 mars 1840 (*D.* 40-2-172), par cette même Cour de Lyon, et ne paraît pas avoir eu d'écho. Toutes les autres solutions rendues sur cette question portent, en effet, que tous les actes de renonciation ou de désistement, faits par une femme mariée à une garantie résultant d'une stipulation dotale insérée dans son contrat de mariage, sont nuls, et ne peuvent lui être opposés dans la suite. Tels : Limoges, 11 décembre 1863 (*S.* 65-2-77) ; Cassation, 19 juillet 1865 (*S.* 65-1-372) ; Paris, 8 janvier 1890 (*D.* 90-2-74) ; Riom, 19 mars 1891 (*D.* 92-2-54) ; Bordeaux, 23 mai 1894 (*D.* 96-2-55) ; enfin Cassation, 21 février 1894 (*S.* 95-1-393).

En résumé, il n'est qu'une seule catégorie de biens qui puissent faire l'objet d'une stipulation dotale : les biens dotaux de la femme. Et pour connaître quels sont, parmi tous ceux-ci, ceux qui sont entourés d'une protection spéciale, il suffit de consulter le contrat de mariage ; car la masse de biens qui y a été stipulée dotale n'a pu et ne peut être modifiée.

Ce contrat de mariage, le tiers pourra toujours en avoir connaissance. Son existence ne peut être tenue secrète par les conjoints, car elle se trouve révélée par leur acte de mariage, qui, comme tout acte de l'état civil, est essentiellement public. Ainsi averti qu'il y a eu un contrat, le tiers peut toujours en exiger la représentation avant de s'engager, et rien ne lui est alors plus facile que de connaître les biens au sujet desquels il doit se méfier.

Ils pourront aussi savoir, que, dans ces régimes de combinaison, il est un certain nombre de principes, appartenant au régime de la communauté, qui continuent nécessairement à s'appliquer, nonobstant l'existence concomitante d'une stipulation dotale.

II

DES PRINCIPES DU RÉGIME DE LA COMMUNAUTÉ QUI S'APPLIQUENT NÉCESSAIREMENT, NONOBSTANT L'EXISTENCE CONCOMITANTE D'UNE CONVENTION DOTALE

§ I. — *Critérium de cette détermination*

Il est en effet, dans le faisceau de principes qui constituent le régime de la communauté légale, un ensemble de règles qu'une stipulation dotale, si étendue qu'elle soit, n'efface pas. Ce n'est pas que ces règles soient toutes d'ordre public et qu'on ne puisse y déroger : si elles s'imposent, c'est que, dans le conflit qui peut s'élever entre les règles de la communauté et celles du régime dotal, ce sont, à moins d'une volonté contraire des parties, les principes du régime de la communauté, régime choisi par les époux pour être la base de leur union, qui doivent prévaloir sur les principes contraires du régime dotal, qui n'est admis qu'à titre d'exception et comme par tolérance.

Ce principe de la prédominance des règles de la communauté dans un régime de communauté « dotalisé » n'est, au surplus, qu'une conséquence de cet axiome de droit : « On doit toujours rechercher et suivre la volonté des parties, » et qu'une application de son corollaire : l'exception doit toujours être limitée à son contenu ; et si, en dehors des cas expressément prévus, elle se trouve en contradiction avec le principe initial auquel elle déroge, c'est le droit commun qui nécessairement s'applique. Ainsi, lorsqu'après avoir adopté le régime de la communauté, une femme mariée vient à prendre des mesures spéciales pour préserver et sauvegarder sa dot, et insère à cet effet dans son contrat de mariage quelques modifications empruntées au régime dotal, il est certain qu'en stipulant ces clauses dotales, elle a entendu s'approprier les garanties qui en résultent pour sa dot, mais il n'est pas évident qu'elle ait voulu aller au delà et adopter du même coup les autres règles qui sous le régime dotal accompagnent de plein droit les situations juridiques qu'elle stipule. Après avoir déclaré que les rapports qu'elle prétendait avoir avec son mari seraient ceux de deux époux communs en biens, il y aurait, par exemple, contradiction ou au moins dérogation de sa part à stipuler, même partiellement, les rapports de deux époux dotaux. Cette dérogation peut être licite, on le verra ultérieurement ; mais elle ne peut résulter que d'une volonté expresse ; et comme cette volonté ne résulte pas évidemment de la stipulation d'une clause dotale, on ne peut l'admettre sans méconnaître gravement l'intention des parties.

De telle sorte que, pour tracer le cercle des règles de la communauté qui doivent continuer à subsister en présence de la stipulation dotale, la plus étendue qu'il puisse être, il suffit de prendre pour critérium le but qu'a poursuivi la femme, la conservation de sa dot, et de s'en tenir strictement aux règles qui en assurent l'exécution. La stipulation d'une clause dotale étant autorisée pour permettre à la femme commune de garantir tout ou partie de ses biens dotaux, il s'en suit que cette stipulation devra nécessairement s'appliquer à des biens, et avoir pour objet soit un ensemble, soit des unités déterminés. On ne saurait, du reste, concevoir comment, en fait, cette condition pourrait manquer. Généralement, il est dit : « tels biens seront soumis au régime dotal... seront inaliénables... seront insaisissables ; » et cette formule mal rédigée : « la femme déclare, relativement à certains biens déterminés, se soumettre au régime dotal », ne saurait avoir ni un autre sens ni plus de portée. — De plus, étant données les observations préalablement exposées, il semble qu'on peut enfermer les effets d'une clause dotale dans la formule suivante : « Par l'insertion d'une clause dotale dans son contrat de mariage, la femme commune emprunte au régime dotal, dans la mesure où elle les stipule, ceux de ses effets qui tendent à lui garantir la conservation de certains biens déterminés, mais ceux-là seuls à l'exclusion de tous autres. » En un mot, elle prend au système de la dotalité les effets qui concernent les biens, tout en laissant de côté ceux qui régissent les personnes; ou en d'autres termes, la femme entend rester personnellement commune, mais soumet les biens qu'elle désigne aux garanties réelles du régime dotal.

Les applications de ce principe sont assez nombreuses. Elles peuvent être examinées sous deux chefs différents : pendant la durée de l'association conjugale et après la dissolution de cette même société. Et pour être certain de raisonner sur une stipulation dotale maxima, il suffit de raisonner sur l'hypothèse d'un contrat de mariage où, après avoir stipulé le régime de la communauté, la future a déclaré soumettre une partie déterminée de ses biens au régime dotal. On aura par cela même déterminé les effets de ce premier degré de combinaison.

§ II. — *Pendant la durée de l'association conjugale*

Pendant la durée de la communauté, rien ne devra donc être changé dans les rapports de la femme soit avec la communauté, soit avec son mari.

a) *Rapports de la femme avec la communauté.* — C'est ainsi que l'actif de la communauté comprendra tous les biens mobiliers de la femme qui n'ont pas fait l'objet d'une clause de réalisation expresse ou tacite (1). Ainsi les fruits civils et naturels des biens soumis au régime dotal n'appartiendront pas au mari, comme le prescrit l'article 1549, pour les biens constitués en dot par une femme dotale. Cette attribution au mari serait du reste contradictoire avec le principe de la communauté, où le mari, pris comme tel, ne reçoit rien de sa femme pour subvenir aux charges du mariage. Ils n'appartiendront pas

(1) On sait qu'une stipulation de dotalité équivaut à une réalisation tacite.

non plus à la femme qui ne s'en est pas expressément réservé la jouissance; mais ils tomberont, selon le droit commun, dans la communauté, d'où aucune clause ne les exclue. A cela, on ne peut objecter qu'il y a contradiction à faire entrer en communauté des biens qui sont insaisissables : il a été établi, en effet, que sous un régime mixte une stipulation dotale ne s'étendait pas, à moins de volonté contraire, aux revenus des biens qu'elle frappait (1). Et si l'on n'admet pas cette limitation, on peut dire encore qu'aucun texte de loi ne déclare insaisissables, sous le régime dotal, les revenus des biens dotaux, et que l'extension créée par la jurisprudence, déjà contestée sous le régime dotal, ne peut être admise sous un régime de communauté, où elle se heurte à des textes contraires (2).

La communauté restera donc usufruitière de ces biens dotaux, comme elle l'est de tous les autres ; et elle jouira de ceux-là non pas selon le mode prescrit par l'article 1571 pour les biens dotaux, mais selon le mode ordinaire de jouissance, tel qu'il est réglé par l'article 589. S'il en est ainsi, ce n'est pas qu'il serait impossible ou même illicite (3) d'appliquer à l'acquisition des fruits provenant de biens différents, deux séries de règles opposées, mais simplement

---

(1) Voir *supra*, page 97.

(2) En ce sens, Cassation, 13 Novembre 1895.

(3) Il est en effet de doctrine et de jurisprudence que la femme commune peut se réserver la jouissance exclusive de certains propres.

parce que la communauté jouit des propres des époux comme un usufruitier ordinaire, et qu'il n'a pas été dérogé à cette règle de droit commun. Ainsi, dans le partage des fruits de la dernière année, la communauté n'aura pas droit, comme le mari sous le régime dotal, à une masse de fruits également proportionnée à sa durée, mais seulement aux fruits civils qu'elle aura acquis jour par jour, et aux fruits naturels qu'elle aura fait siens par la perception.

Quant aux droits du mari sur les fruits des propres, et en général sur tous les biens qui composent la communauté, ils ne peuvent se trouver diminués par l'insertion au contrat d'une clause dotale. Ces droits sont immuables, et le mari ne peut valablement y renoncer, article 1388. Il s'ensuit qu'une stipulation dotale portant sur des choses mobilières consomptibles, notamment sur des sommes d'argent, ne saurait les rendre inaliénables. La communauté en devient, en effet, propriétaire, sauf restitution de l'équivalent, en vertu de son droit de quasi-usufruit, article 587 ; et le mari, chef de la communauté, a sur elles un droit de disposition presque absolu. Ces meubles, d'espèce particulière, seront donc aliénables, et pour eux, la clause dotale qui les frappe se traduit dans l'impuissance légale où elle place la femme de renoncer, même avec l'autorisation de son mari, soit au droit de reprise qu'elle acquiert, du jour de son mariage, contre la communauté, soit à l'hypothèque légale qui lui assure l'efficacité de ce recours.

b) *Rapports de la femme avec son mari.* — Mais le mari n'est pas seulement administrateur des biens de la communauté, il est aussi l'administrateur des propres de la femme ; et c'est dans les pouvoirs d'administration qu'il possède sur cette seconde catégorie de biens, et dans la responsabilité qu'il peut encourir de ce chef, que viennent se résumer tous les rapports qui peuvent exister pendant le mariage entre la femme et lui.

Sur ce point encore, les principes du régime de la communauté et du régime dotal se trouvent en contradiction. Sous le régime dotal, le mari seul, peut, à l'exclusion de la femme, administrer les biens dotaux ; et ses pouvoirs d'administrateur sont très étendus, puisqu'il peut exercer toutes les actions mobilières et immobilières, possessoires et pétitoires qui compètent à la femme : ce qui lui donne notamment le droit de poursuivre les détenteurs de biens dotaux, de poursuivre le recouvrement de créances dotales, de toucher les capitaux échus à la femme et d'en donner quittance, voire même, d'après la jurisprudence, de vendre les biens mobiliers corporels et de céder ou transporter les créances. Sous le régime de la communauté, au contraire, la femme, dûment autorisée, conserve le droit d'administrer ses propres : le mari n'est plus seul capable de gérer ; et ses pouvoirs de mandataire sont beaucoup plus restreints : il peut encore exercer, tant en demandant qu'en défendant, toutes les actions mobilières appartenant à sa femme ; mais il ne peut ni aliéner les meubles corporels, ni céder les créances qu'elle s'est réservées propres (1). Quant aux actions immobilières, il ne peut la représenter que dans l'exercice des actions possessoires, qui sanctionnent son droit de jouissance ; et, pour tout le reste, il ne peut se passer du concours de sa femme, ou plus exactement, il se trouve sans mandat pour agir, et ne peut que l'habiliter en lui donnant son autorisation maritale.

Devant ce dualisme de règles opposées, il importe de préciser si, relativement aux immeubles frappés d'une stipulation dotale (la question ne peut évidemment se poser que pour ceux-là), les pouvoirs du mari seront ceux d'un mari dotal, tels qu'ils sont déterminés par l'article 1549, ou ceux d'un mari commun en biens, tels qu'ils sont établis par l'article 1428. Pour nous, le caractère dotal attaché exceptionnellement à certains propres de la femme, ne peut modifier les pouvoirs du mari ; et ce dernier aura sur tous indistinctement les mêmes pouvoirs d'administration, ceux que lui donne l'article 1428. Sous le régime de la communauté, tous les biens de la femme deviennent communs ou restent propres ; et pour être autorisé à lui constituer une troisième sorte de biens, des biens paraphernaux, il faudrait qu'il y eût de sa part une manifestation expresse de volonté, que l'on ne peut trouver dans une stipulation

---

(1) La question est toutefois controversée. En ce sens, Duranton, Rodière et Pont, Laurent, Guillouard, Colmet de Santerre, Vigier, Baudry. En sens contraire, Aubry et Rau, et la Cour de Cassation, arrêt du 30 avril 1890 (*D.* 91-1-367).

dotale. On ne peut voir en effet, dans la soumission de certains biens au régime dotal, la collation au mari d'un mandat plus étendu sur ces biens que celui qu'il tient de la loi. — Sans doute, on a considéré longtemps les pouvoirs du mari sur les biens dotaux, et l'inaliénabilité de ces mêmes biens, comme deux choses indissolublement liées l'une à l'autre, et constituant par leur ensemble le régime dotal tout entier. Mais ces deux choses jadis essentielles se sont réciproquement séparées, et aujourd'hui la jurisprudence tend à les considérer comme bien distinctes l'une de l'autre, même sous le régime dotal, puisqu'elle admet d'une part des paraphernaux inaliénables (1), et d'autre part des biens dotaux administrés par la femme (2). — Les pouvoirs de large administration conférés au mari dotal ne peuvent pas non plus être considérés comme donnant à la femme une garantie pour sa dot. L'exercice abusif que le mari peut faire de ce mandat ne peut, il est vrai, porter préjudice à la femme dotale, car elle trouve une compensation efficace dans la lourde responsabilité qui pèse sur son mari et dans l'irrévocabilité de l'hypothèque légale qui en assure efficacement la sanction pécuniaire. Mais il n'en serait pas de même pour une femme commune, dont l'hypothèque légale peut devenir inefficace par une série de renonciations ou de subrogations successives. — Rien ne permet donc

(1) En ce sens, Cassation, 17 février 1886 (*S.* 86-1-161).

(2) En ce sens, Cassation, 2 mars 1837 (*D.* 37-1-102) et 17 février 1886.

de supposer que, par une stipulation dotale, la femme ait voulu apporter, relativement aux biens rendus dotaux, un changement dans les rapports qui doivent exister entre elle et son mari. Et elle doit être d'autant moins présumée avoir voulu apporter une dérogation au principe fondamental de son union, que cette dérogation lui serait doublement préjudiciable, en diminuant d'abord les garanties stipulées pour son apport, en restreignant ensuite les droits d'administration et de disposition que la loi lui conserve.

Pour justifier cette solution que le mari commun n'a jamais, sur les propres de la femme soumis au régime dotal, que les pouvoirs d'administration d'un mari commun et non ceux d'un mari dotal, il n'a pas été dit, il faut le remarquer, qu'il eût été illicite, pour la femme, d'étendre, par une clause formelle, les pouvoirs dont son mari est investi par la loi. Il serait en effet téméraire de considérer comme d'ordre public la disposition de l'article 1428. Ce texte de loi ne règle les rapports des époux qu'à défaut de conventions contraires ; et puisqu'il est permis à la femme de se réserver la jouissance exclusive de certains de ses propres, ou de s'en réserver même l'administration, il semble qu'il doit lui être également permis d'augmenter les pouvoirs de son mari. Sans doute il y a là de sa part collation d'un mandat irrévocable. Mais cette dérogation à l'essence du mandat, la loi semble l'autoriser par contrat de mariage en faveur des époux. Du reste, la Cour de Cassation admet la femme dotale à accorder conventionnellement au mari le peu de pouvoirs que la loi lui refuse, et sa jurisprudence s'impose *a fortiori* sous un régime de communauté. Seulement, où la Cour suprême ne doit pas, ce me semble, être suivie, c'est dans l'interprétation large et complaisante qu'elle fait de ces clauses dérogatoires. Autant en effet elle se montre rigide et difficile quand il s'agit d'étendre à des actes que la femme dotale n'a pas formellement prévus, la liberté qu'elle s'est réservée en se mariant de disposer de sa dot (1) ; autant elle se montre souple et libérale envers le mari, quand il s'agit d'augmenter l'étendue de ses pouvoirs (2). Ce double mode d'interprétation, qui répond à une même préoccupation, protéger la femme contre elle-même, peut à la rigueur se justifier sous un régime dotal, par des raisons d'utilité pratique et par cette considération, que la femme y trouve compensation, sinon avantage, dans l'exercice de son hypothèque légale. Mais, sous un régime de communauté, cette même interprétation lui serait très préjudiciable, et il y serait téméraire d'accroître les pouvoirs du mari, sans une stipulation bien nette et bien précise.

Toutes les fois que le mari reçoit mandat d'admi-

---

(1) Selon la Cour de Cassation, la faculté d'aliéner stipulée par une femme mariée sous le régime dotal n'emporte pas celle d'hypothéquer ou de s'obliger.

(2) Selon cette même Cour, la faculté d'aliéner donnée par la femme au mari emporte pour celui-ci la faculté de compromettre.

nistrer les biens de la femme, il peut, s'il en fait un exercice abusif ou s'il néglige de le remplir, engager sa responsabilité. Mais la mesure de cette responsabilité est nécessairement en corrélation avec la nature des pouvoirs dont il est investi ; et elle est plus ou moins stricte, selon qu'il est marié sous le régime dotal ou sous le régime de la communauté. Sous le régime dotal, la responsabilité qui pèse sur lui est, à raison de son droit exclusif à gérer, très rigoureuse : il répond de sa négligence, article 1562, et d'une faute même très légère (1). Sous le régime de la communauté où la femme peut agir, il faut, au contraire, qu'il soit relevé contre lui une faute grave (2), pour le faire condamner à des dommages et intérêts. De là, il nous est permis de conclure que le mari commun en biens ne sera appelé à répondre, relativement à l'administration des propres de la femme déclarés inaliénables, que d'une faute grave. Ou si l'on veut essayer de préciser cette matière, qui est toute de fait, et où l'appréciation des juges est souveraine, le mari ne sera pas tenu (pour reprendre l'ancienne terminologie) de la *culpa levis in abstracto*, mais seulement *de la culpa levis in concreto*.

Ce n'est pas seulement pendant la durée du mariage que le régime matrimonial choisi règle souverainement les rapports des époux qui l'ont

---

(1) En ce sens, Rouen, 22 mai, 1867 ; — *Revue du Notariat*, année 1867, page 922.

(2) Bordeaux, 20 mars 1854, sous Cassation du 4 décembre 1855 (*S*. 56-1-342).

adopté, il trace aussi les règles qui doivent présider à la liquidation que nécessite la dissolution de la société conjugale.

§ II. — *Après la dissolution de l'association conjugale*

Pendant cette seconde et dernière période, qui n'est au surplus que la continuation de la première, cette circonstance, que la femme a inséré dans son contrat de mariage une stipulation dotale, continue à rester sans intérêt ; et les droits, qu'elle peut avoir vis-à-vis de son mari, sont dans tous les cas et pour tous les biens (à moins d'une autre dérogation expresse de sa part, bien entendu, car rien n'est ici d'ordre public); déterminés par les principes de la communauté. Ceux-ci se trouveront, souvent encore, en conflit avec ceux opposés du régime dotal ; mais, comme cette matière est de moindre importance, il suffira d'indiquer sommairement les principaux points sur lesquels il y a désaccord.

1° Les droits de viduité de la femme seront régis par l'article 1465 et non par l'article 1570.

2° La femme, pour établir la quotité de ses apports, ne pourra invoquer contre son mari la présomption de paiement qui, sous le régime dotal, résulte de l'expiration d'un délai de dix ans, à dater du jour du mariage.

3° De même, le mari devra restituer, le jour de la dissolution de la société conjugale, tout ce qu'il a reçu du chef de sa femme, même ce qui aurait été l'objet d'une stipulation dotale, sans pouvoir invoquer, pour cette partie de l'apport, l'article 1564 qui lui donne un délai d'un an pour les restitutions à faire en argent.

4° Enfin la femme ne pourra pas invoquer, toutes les conditions requises fussent-elles remplies, l'article 1573, qui la dispense de rapporter à la succession de son père ce qu'elle a reçu de lui à titre de dot.

Les articles 1569, 1564, 1573 constituent des exceptions au droit commun, des dérogations au régime adopté par les époux ; et on ne peut appliquer les règles qu'ils consacrent sans une stipulation formelle des parties.

RÉSUMÉ

OU COMBINAISON DU RÉGIME DE LA COMMUNAUTÉ AVEC SOUMISSION DE CERTAINS BIENS AU RÉGIME DOTAL

En indiquant ainsi l'ensemble des principes de communauté qu'une stipulation dotale n'efface pas, on a par là même déterminé les dérogations que la femme commune en biens stipule en soumettant une partie de ses biens au régime dotal ; et pour préciser les effets de cette première formule de combinaison, il suffit de résumer en les coordonnant les observations qui précèdent.

Par elle-même, la soumission de certains biens déterminés au régime dotal n'apporte, relativement à ces biens, aucun changement dans les rapports personnels des époux entre eux. Comme chef de la communauté, le mari jouit des propres déclarés dotaux à la façon d'un usufruitier ordinaire, et il a sur les fruits perçus un droit de disposition absolu. Comme administrateur des biens de la femme, il a, sur ces mêmes biens, les pouvoirs dont l'investit l'article 1428 : en un mot, cette stipulation dotale ne produit d'effet que sur les biens ; mais, sous ce rapport, elle leur donne toutes les garanties compatibles avec un régime de communauté ; et l'ensemble des mesures protectrices, dont elle les entoure, se résume en une inaliénabilité et une insaisissabilité complètes et absolues.

Sous le régime dotal, les biens dotaux possèdent encore une troisième qualité : ils sont non seulement inaliénables et insaisissables, ils sont encore imprescriptibles, article 1561. Mais le caractère de l'imprescriptibilité ne paraît pas devoir être attribué aux biens exceptionnellement soumis au régime dotal par une femme commune en biens. La prescription, en effet, repose sur une idée de nécessité : elle est essentiellement d'ordre public ; et de même qu'il n'est pas permis de renoncer d'avance au droit de se prévaloir d'une prescription future, ou de convenir que la prescription s'accomplira par un laps de temps plus long que celui fixé par la loi ; de même qu'il ne peut y avoir d'autres causes d'interruption et de suspension de la prescription que celles prévues par un texte ; de même il serait illicite de déclarer tels biens imprescriptibles. L'imprescriptibilité ne peut être établie que par la loi et ne peut faire l'objet d'une convention. La femme, qui volontairement se soumet au régime dotal, ne stipule pas l'imprescriptibilité de ses biens dotaux ; mais elle se place dans une situation où la loi en accorde le bénéfice. — Mais, dira-t-on, l'aliénabilité des immeubles est aussi d'ordre public ; et pourtant, il est permis à la femme de rendre, en dehors du régime dotal, certains de ses biens inaliénables. C'est vrai ! Mais il y a une différence entre l'aliénabilité et la prescription. L'aliénabilité est seulement utile, favorable au développement de la richesse sociale ; la prescription est (pour reprendre textuellement les paroles de l'orateur du Gouvernement) nécessaire au maintien de l'ordre social. On conçoit, dès lors, qu'il soit permis, dans certaines circonstances et sous certaines conditions, de stipuler une dérogation à la première de ces deux règles d'ordre public ; tandis qu'à la seconde, il ne puisse y être fait exception que par le législateur lui-même. — De plus, l'inaliénabilité stipulée par une femme commune ne peut jamais être opposable qu'à des acquéreurs ou des créanciers, par conséquent à des cocontractants, qui seront toujours renseignés sur une situation qu'ils auront même tacitement acceptée ; tandis que l'imprescriptibilité, stipulée par cette même femme commune, ne sera jamais opposable qu'à des tiers détenteurs, qu'à des étrangers, qui n'ont pas le droit de demander communication du contrat de mariage, et qui, étant induits en erreur par les agissements mêmes de ceux contre qui ils prescrivent, trouveraient, dans cette stipulation, si elle était valable, un véritable piège et une cause tout à la fois réelle et illégitime de pertes considérables, souvent même de ruine. — Enfin, outre ces considérations générales, il est une dernière raison qui est absolument péremptoire. C'est que sous un régime de communauté mitigé par une clause dotale, l'imprescriptibilité des immeubles inaliénables n'a plus sa raison d'être. Sous le régime dotal, l'imprescriptibilité est attachée aux immeubles dotaux, moins pour empêcher les époux d'arriver, par le biais d'une prescription qu'ils laisseraient volontairement s'accomplir, à une aliénation indirecte de leurs biens, que pour préserver la femme du préjudice fatal et souvent irréparable, qui pourrait lui advenir d'une négligence prolongée de son mari, qui, seul, a le droit d'administrer et de faire des actes interruptifs de prescription. Aussi, après un jugement de séparation de biens, qui rend à la femme l'exercice de ses droits d'administration, les immeubles cessent d'être imprescriptibles et pourtant ils continuent à être inaliénables. De même sont prescriptibles, pour la même raison sans être aliénables, les biens dotaux dont la femme s'est exceptionnellement réservé l'administration et les paraphernaux qu'elle a soumis à l'inaliénabilité. Il doit en être de même pour les biens, qu'une femme commune en biens soumet au régime dotal : *Eadem res, eadem ratio.* Elle a, en même temps que son mari, le droit d'administrer ces biens ; elle peut dès lors interrompre elle-même la prescription qui la menace, et il n'y a pas lieu de lui accorder le bénéfice de l'imprescriptibilité qui, n'ayant plus sa raison d'être, serait absolument inexplicable.

Les effets, que peut produire par elle-même, sous un régime de communauté, une stipulation dotale maxima, ou une soumission de certains biens au régime dotal, aboutissent donc à l'inaliénabilité et à l'indisponibilité des biens qui en font l'objet. Quant aux conséquences pratiques de ces deux caractères dotaux, elles seront mieux comprises, et plus facilement précisées, dans l'étude séparée et successive qui, dans un instant, va être faite d'une clause d'inaliénabilité et d'une clause d'indisponibilité. — Auparavant, il faut parler de cette stipulation bizarre, que l'on peut qualifier de stipulation d'incapacité contractuelle pour la femme mariée, et qu'on a prétendu équivaloir à une stipulation d'inaliénabilité et d'insaisissabilité.

CHAPITRE V

DE LA CONVENTION MATRIMONIALE PORTANT POUR LA FEMME INCAPACITÉ DE S'OBLIGER OU DE LA STIPULATION D'INALIÉNABILITÉ ET D'INSAISISSABILITÉ

Cette stipulation, par laquelle la femme s'interdit, en tout ou en partie, de s'obliger pendant le mariage, est d'origine relativement récente : les controverses, dont elle fut l'objet, prirent naissance à l'occasion de deux arrêts de la Cour de Paris, rendus l'un le 17 novembre 1875 (*D.* 76-2-65 ; *S.* 77-2-89), l'autre le 6 décembre 1877 (*D.* 78-2-81 ; *S.* 78-2-161). Certains juristes (*Gazette des Tribunaux*, n° du 11 mars 1876) y virent une stipulation dotale frappant d'indisponibilité les biens présents et à venir de la femme ; et c'est envisagée sous ce rapport, qu'il échet de l'examiner. Mais pour pouvoir faire une critique utile de cette interprétation, il faut, auparavant, préciser l'espèce litigieuse, et même prendre le temps d'en dégager à la hâte certains principes juridiques, apparemment étrangers, mais dont l'examen préalable est nécessaire à cette discussion.

SECTION I

Objet de cette convention

Les arrêts du 17 novembre 1875 et du 6 décembre 1877 statuent sur deux situations analogues, quoique un peu différentes. Dans lepremier, il s'agit d'une femme qui, mariée sous le régime de la séparation de biens, s'est interdit par un contrat de mariage « de contracter aucun engagement et de payer aucune dette pour le compte de son mari, tout engagement de sa part de faire ou de payer devant être considéré comme nul et non avenu ». Nonobstant cette prohibition, elle a cautionné le paiement de billets à ordre souscrits par son mari. A défaut de paiement effectué par ce dernier, les créanciers assignent et le Tribunal de commerce de Montereau condamne la femme Macquin au paiement des dits billets. Sur appel, la Cour de Paris réforme ce jugement et déboute les demandeurs, sur ce motif que les obligations souscrites à leur profit par la défenderesse le sont contrairement aux stipulations prohibitives de son contrat de mariage, et doivent être déclarées nulles. L'affaire ne paraît pas avoir été plus loin ; et il n'y a pas lieu d'y insister davantage, puisqu'il ne peut s'agir que d'une combinaison du régime de la séparation de biens avec le régime dotal, combinaison sur la validité de laquelle nous avons fait nos réserves.

La seconde espèce, soumise à la Cour de Paris, diffère de cette première sur deux points. Le régime choisi par les époux est le régime de la communauté réduite aux acquêts, et de plus la femme y revendique une incapacité absolue. Il est en effet stipulé dans son contrat « qu'elle ne pourra, même avec l'autorisation de son mari ou de justice, s'obliger envers les tiers, ses engagements à cet égard devant être considérés comme nuls et de nul effet ». Comme tout à l'heure, la validité de cette clause fait l'objet du procès ; mais cette fois sous la forme d'une demande en nullité de saisie. La Cour de Paris, adoptant les conclusions de l'avocat général Chevrier, déclare valable la stipulation litigieuse, et en consacre l'efficacité : Les questions de capacité, étant, dit-elle, d'ordre public, ne peuvent être modifiées par la convention des parties, sauf dans un cas, quand il s'agit de la femme mariée qui peut, par contrat de mariage, se créer une « véritable incapacité contractuelle » en se soumettant, par exemple, au régime dotal. Cette base admise, la stipulation litigieuse est valable, car en s'interdisant le droit de s'obliger envers les tiers, la femme mariée s'est constituée incapable de disposer de ses propres, tant présents que futurs, et, en cela, elle n'a fait que s'approprier, sous une autre forme, l'article 1542, sans aller au delà de ce que permet le régime dotal. — A cette solution sans précédent, la Cour suprême, impressionnée par le caractère absolu de l'incapacité contractée, a répondu qu'il n'était pas permis de se mettre dans un état « d'interdiction conventionnelle », et a, par un arrêt de Cassation, rendu le 22 décembre 1879 (*D*. 80-1-112 ; *S*. 80-1-125), renvoyé les parties devant le Tribunal de la Seine. — Revenus en première instance, les représentants de la femme ont complété leur système de défense, et ont prétendu, que, si la stipulation d'incapacité faite par la femme pouvait être nulle, comme telle, elle valait tout au moins comme stipulation de dotalité, et rendait, par suite, les biens de la femme inaliénables et insaisissables. Mais leurs efforts furent vains, car la saisie n'en fût pas moins validée, et par le Tribunal de la Seine, et par la Cour de Paris. Dans son arrêt du 19 juin 1884 (*D.* 86-1-204 ; *S.* 84-2-193), la Cour de Paris condamna sa jurisprudence antérieure, celle de 1877, sur la validité de la clause ; et, quant au nouveau moyen présenté par les parties, elle refusa de l'admettre, parce qu'elle y vit d'abord, non plus une interprétation de la clause, mais une transformation radicale et inadmissible qui en faisait d'une stipulation concernant la personne une stipulation relative aux biens, et ensuite parce qu'elle n'y trouva pas la déclaration expresse nécessaire à toute stipulation dotale. Enfin sa décision fut maintenue le 13 mai 1885 (*D.* 86-1-284 ; *S.* 85-1-312) par la Cour de Cassation, dont la Chambre des Requêtes rejeta, pour bonne interprétation du contrat, le pourvoi formé par la femme.

Pendant le cours de son odyssée, ce contrat de mariage avait donc, en passant successivement deux fois devant tous les degrés de juridiction, soulevé deux questions de droit, jusqu'alors inconnues.

Premièrement. — Une femme peut-elle, par une clause de son contrat de mariage, se constituer incapable de s'obliger envers les tiers, même avec l'autorisation de son mari ou de justice ?

Deuxièmement. — La clause matrimoniale, par laquelle la femme s'interdit le droit de s'obliger envers les tiers, vaut-elle comme stipulation de dotalité, et frappe-t-elle par suite d'inaliénabilité et d'insaisissabilité tous ses biens meubles et immeubles, tant présents que futurs ?

En apparence, la dernière de ces deux questions rentre seule dans le cadre de ce mémoire, mais la première lui est si connexe, qu'il est impossible de ne pas la traiter au préalable, ne fût-ce que brièvement.

SECTION II

De la validité de cette stipulation considérée comme convention d'incapacité

C'est un résultat vraiment extraordinaire, une innovation inouïe ! tels sont les premiers mots du commentaire que fait VALETTE à l'arrêt de la Cour de Paris. Une incapacité contractuelle, c'est une monstruosité ! telle en est la conclusion. N'est-ce pas proclamer hautement la nullité indubitable de pareille stipulation ?

Sans insister, en effet, sur les inconvénients pratiques de cette interdiction, où se place la femme, qui ne pourra ni louer ses immeubles, ni contracter d'engagement vis-à-vis des fournisseurs du ménage ; sans parler de l'atteinte portée aux droits du mari, qui renonce, malgré l'article 1388, à l'exercice de son autorité maritale ; sans faire la critique de cette renonciation anticipée faite par la femme au droit de demander la séparation des biens ; sans noter la ressemblance, qui existe entre cette stipulation et le sénatus-consulte Velléien, qu'un édit de 1604 a formellement abrogé ; sans tirer même argument de cette distinction inexplicable et inexpliquée qu'a faite M. Chevrier entre une renonciation faite par la femme au droit de s'obliger et cette autre, qu'il déclare nulle (1), faite au droit de disposer à titre gratuit; on peut dire que la nullité de cette clause s'impose sur cette double considération, qu'elle dépasse de beaucoup les données du régime dotal, ce qui est illicite; et qu'elle tend à créer à la femme une incapacité conventionnelle, ce qui est contraire à l'ordre public.

Dans son réquisitoire, l'avocat général Chevrier avait comparé les effets de cette stipulation d'incapacité à ceux que produit un régime dotal absolu, portant sur tous les biens présents et à venir ; et s'il a pu conclure à leur analogie, c'est qu'il a confondu les deux idées d'indisponibilité et d'incapacité ; ou plutôt, c'est qu'il a fait produire au régime dotal une incapacité qu'il ne saurait créer. Le régime dotal, en effet, n'affecte en rien la personne juridique de la femme; il ne frappe que ses biens, et, si étendu qu'il soit, il n'arrive jamais qu'à créer une insolvabilité contractuelle. La femme, mariée sous ce régime, conserve sa pleine capacité, et si elle ne peut aliéner ni engager ses propres, ce n'est pas à raison d'une déchéance de sa capacité, mais à cause de l'indisponibilité dont eux-mêmes sont frappés. Les obligations, qu'elle contracte, sont toujours valables; seulement, le patrimoine, qui en garantit

(1) En ce sens, Amiens, 1er juillet 1807, et Cassation, 31 décembre 1809 (Dalloz, jurisprudence générale, dispositions entre vifs, n° 2380).

l'exécution, est, contrairement à l'article 2092, limité aux paraphernaux; il peut même être réduit à rien, si l'inaliénabilité s'étend à tous les biens présents et à venir. La femme se trouve alors dans le cas de tout insolvable, dans la position d'un débiteur capable qui n'a pas de répondant, et dans une situation qu'on pourrait, sous un certain rapport, comparer à celle d'un commerçant frappé d'une déclaration de faillite : à l'un et à l'autre, il est toujours permis de s'obliger, car la seule espérance, qu'ils aient d'acquérir des biens nouveaux qui soient disponibles (pour la femme, après la dissolution du mariage), suffit pour que les obligations qu'ils contractent, soient valables. Ainsi précisés, les effets du régime dotal ne peuvent plus être comparés à ceux que produirait, si elle était valable, la stipulation d'incapacité, soumise à l'examen de la Cour de Paris. La clause litigieuse affecte la personne de la femme; elle la frappe d'une véritable incapacité personnelle, qui l'empêche juridiquement de s'obliger, et qui rend essentiellement nulles les conventions qu'elle pourrait signer au mépris de cette prohibition. En un mot, d'un côté, il y a une obligation valable, mais peut-être momentanément inexécutable; de l'autre, une obligation toujours nulle, et sur l'exécution de laquelle on peut revenir pendant les dix ans qui suivent la dissolution du mariage (article 1304). La convention d'incapacité contractuelle aggrave donc les rigueurs du régime dotal; et, comme elle dépasse de beaucoup ce qu'il est permis (article 1554) à la femme de stipuler, elle tombe dans le domaine des conventions illicites, qu'aucune prescription, qu'aucune confirmation expresse ou tacite, ne peut valider (1).

La nullité de cette convention d'incapacité s'impose encore pour un autre motif. C'est dans l'intérêt général, en s'inspirant des mœurs, de l'état social et des convenances, que le législateur a fait le classement des personnes et a décerné à chacune d'elles des pouvoirs juridiques en rapport avec ses aptitudes naturelles et le rôle qu'elle est appelée à jouer. La capacité qu'il assigne ainsi à chacun de nous, est dès lors d'ordre public, à l'abri des caprices de la volonté humaine, et incapable d'être modifiée par la convention des parties, fût-ce même par contrat de mariage. Pour justifier cette règle absolue, que la Cour de Paris n'admet pas, il suffirait de rappeler l'interdiction générale établie par l'article 1388, de déroger aux dispositions prohibitives du Code, si le législateur n'avait pris soin de s'expliquer d'une façon encore plus positive. L'article 1387 laisse aux conjoints toute latitude pour régler leur association conjugale dans les clauses qui concernent l'union de leurs biens ; mais, par là même, il défend expressément de toucher en quoi que ce soit à ce que la loi a elle-même décidé sur l'union des personnes.

---

(1) En ce sens, De Folleville, « De l'incapacité complète de s'obliger », *France judiciaire,* année 1878 ; — Challamel, *Revue critique,* année 1880, page 1 ; — Vavasseur, *Revue critique,* 1878, page 289 ; — Valette, *Mélanges,* tome Ier, page 513.

Et en fait, il n'est aucune convention matrimoniale licite qui soit susceptible de modifier la capacité légale de la femme mariée, telle qu'elle est réglée par les articles 217 et suivants. Quel que soit le régime adopté par elle, la femme a toujours la même capacité : et à ce principe, on ne peut trouver d'objection dans les différences indiscutables de situation, qui, pour d'autres raisons, existent entre la femme dotale, la femme commune et la femme séparée de biens. Toutes, indifféremment, sont capables, avec autorisation, d'aliéner et d'obliger les biens aliénables et saisissables ; toutes encore sont capables de faire seules des actes d'administration ; et si certaines d'entre elles, la femme séparée de biens, la femme dotale pour ses paraphernaux, peuvent administrer leurs propres à l'inverse des autres, la femme commune, la femme non commune, la femme dotale pour ses biens dotaux, qui, en principe, n'administrent pas, c'est que celles-ci ont, par contrat de mariage, donné à leur mari un pouvoir d'administration irrévocable (tout au moins jusqu'à un jugement de séparation de biens) sur tous leurs biens, et que, chez elles, la capacité d'administrer ne s'exerce pas, faute de chose à administrer. Comme le dit si justement TROPLONG, tome Ier, n° 78 :

« La capacité de la femme ne dépend pas des « conventions des hommes. Elle est d'un ordre « supérieur, et la volonté des parties est téméraire, « quand elle cherche à la régler mieux que la loi « ne l'a fait. Par suite, une femme ne saurait stipuler,

« même dans un contrat de mariage, qu'elle ne « pourra s'obliger ; et si elle s'oblige, nonobstant « cette clause, elle ne sera pas fondée à se faire « relever de ses obligations. »

Cette conséquence, toute nécessaire qu'elle est, n'est pas sans être rigoureuse pour la femme, qui croyait trouver, dans cette stipulation tout à la fois claire et complète, une sécurité absolue. Quand on lui en opposera la nullité, toutes ses espérances seront déçues, et après avoir dû, pour des raisons particulières, prendre pour elle de sérieuses mesures de protection, elle verra livrée à son mari sans aucune garantie, toute sa dot, dont elle avait voulu assurer la conservation. Aussi en est-on arrivé, sous cette impression, à se demander si cette clause d'incapacité contractuelle, illicite, comme affectant la personne de la femme, et inefficace, pour rendre nulles les obligations qu'elle aurait néanmoins contractées, si cette même clause n'équivalait pas à une stipulation de dotalité, qui frapperait tous les biens de la femme, tant présents que futurs, d'une indisponibilité absolue, et qui, tout en laissant valables les engagements de la femme, en assurerait l'inexécution.

SECTION III

De la validité de cette stipulation considérée comme convention de dotalité

Guillouard (tome Ier, n° 104), Baudry (tome III, n° 11), Valette (journal *Le Droit*, n° du 27 mars 1878), semblent adopter cette opinion, et M. Lyon-Caen essaie de la justifier dans un long article inséré dans le recueil de Sirey, sous l'arrêt de la Cour de Paris, du 6 décembre 1877 (*S.* 78-2-161).

Etant donné que la dot mobilière est susceptible d'être déclarée inaliénable, et que l'on peut également, dans une stipulation générale de dotalité, comprendre la part de communauté revenant à la femme lors de la dissolution de la société conjugale, rien, en droit, ne semble devoir empêcher une femme, mariée sous le régime de la communauté réduite aux acquêts, de stipuler valablement dans son contrat une clause de dotalité s'étendant à tous ses propres, meubles et immeubles, présents et futurs. Et cette prémisse posée, il ne reste plus qu'à examiner si, dans cette clause d'incapacité, l'on trouve une intention évidente et manifestement exprimée d'une pareille stipulation.

M. Lyon-Caen prétend que oui : « On doit toujours, dit-il en d'autres termes, donner aux conventions des parties une interprétation qui les rende efficaces ; et si une clause est nulle dans le sens que ses termes paraissent logiquement lui attribuer, l'on ne doit pas hésiter à la déclarer valable, si, en recherchant soigneusement l'intention de ses auteurs, on peut rationnellement lui donner un autre sens qui lui permette de produire quelque effet. » C'est là un principe constant d'interprétation, dont l'article 1157 est comme l'écho, et dont on trouve une remarquable application dans la jurisprudence bien connue de la Cour de Cassation sur les clauses de non responsabilité insérées dans les tarifs spéciaux des Compagnies de chemins de fer. Notre législation n'est plus formaliste, et ce que l'on doit chercher avant tout, c'est à faire prévaloir la volonté des contractants ; tout ce qu'on peut exiger en certains cas, c'est que cette volonté soit exprimée d'une façon qui ne laisse place à un doute sérieux. Or, dans l'espèce, l'intention des parties n'est pas douteuse. Pour assurer intégralement la conservation de la dot, les conjoints avaient désiré frapper la femme d'une incapacité absolue, et rendre annulables les obligations qu'elle pourrait contracter. Ils ont donc voulu implicitement mettre ses biens à l'abri de toute poursuite ; et si on recherche leur intention, il est hors de doute qu'ils aient pour le moins adopté le régime dotal. Il n'est pas impossible, au surplus, qu'ils aient mal rendu leur pensée, et que, peu versés dans la science du droit, ils aient, ce qui est même arrivé à des magistrats, confondu l'incapacité personnelle avec l'inaliénabilité dotale, et que, de ces deux expressions, ils aient employé l'une pour l'autre.

Si l'on admet cette interprétation, une rectification s'impose. La clause d'incapacité contractuelle n'équivaut pas à une adoption du régime dotal (ce qui serait impossible dans l'espèce, puisque le régime de la communauté y était antérieurement stipulé, et qu'il serait manifestement contradictoire d'adopter en même temps deux régimes), mais à une stipulation cumulative d'inaliénabilité et d'insaisissabilité. Ce que les parties voulaient malgré tout, c'était en effet conserver la dot dans son intégralité. Dans leur pensée, les biens de la femme ne pourraient être entamés par aucun de ses actes, et son incapacité de s'obliger était absolue : elle s'étendait aussi bien aux obligations qui se résolvent par une dation, qu'à celles qui se paient par l'accomplissement d'un fait ; en un mot, elle comprenait toute aliénation et toute dette d'argent ; et si, s'inspirant de l'esprit de cette clause, on veut lui donner une efficacité que son texte lui refuse, il faut admettre que la stipulation d'une incapacité contractuelle par une femme mariée sous le régime de la communauté, équivaut de sa part à une stipulation d'inaliénabilité et d'insaisissabilité.

Cette solution, la Cour de Paris (arrêt du 19 juin 1884) a refusé de l'admettre, on l'a vu, par des considérations d'espèce. Mais sa décision, prise dans ses résultats, n'en est pas moins juridique et conforme aux principes d'interprétation en matière dotale. Certes, les principes énoncés par M. Lyon-Caen sont exacts, et, en matière ordinaire, il ne serait pas juridique de méconnaître la véritable intention des parties. Mais ce procédé d'interprétation qu'il réclame, n'est pas applicable dans une matière aussi stricte que l'est le régime dotal. S'il s'agissait encore d'interpréter cette convention matrimoniale dans les rapports des époux l'un envers l'autre, peut-être pourrait-on faire à cette règle rigoureuse une petite concession. Mais il s'agit ici de déterminer les droits de la femme, non plus vis-à-vis de son mari, mais vis-à-vis des tiers ; or, pour eux, l'on sait qu'aucune stipulation dotale n'est valable, si elle ne résulte d'une volonté certaine. Du reste, quand bien même on admettrait, avec M. Lyon-Caen, que dans l'espèce les parties avaient (ce qui est discutable) l'intention de frapper tous les biens de la femme d'une dotalité absolue, la clause d'incapacité contractuelle, envisagée sous ce nouveau point de vue, devrait encore rester inefficace. Car l'intention des parties ne suffit pas, et, quand, après avoir stipulé le régime de la communauté, on veut adopter ensuite quelque stipulation dotale, il faut, encore et surtout, manifester son désir d'une façon explicite et formelle. Les tiers n'ont pas à interpréter le contrat de mariage de leur cocontractante et à rechercher l'intention qui pourrait se dégager d'un ensemble de clauses ; ils n'ont qu'à lire et retenir ce qui y est clairement stipulé; le reste est pour eux non avenu. Et alors, de deux choses l'une : Ou bien, par cette stipulation d'incapacité, les conjoints ont tout simplement voulu frapper la femme d'incapacité, sans songer à emprunter les effets du régime dotal; ou bien, ils ont entendu stipuler, soit directement soit indirectement, la dotalité générale de ses biens. Dans le premier cas, ils ont voulu l'incapacité qui était défendue, et n'ont pas pensé à la dotalité qui était permise; dans le deuxième, ils ont bien voulu une convention valable, mais ils l'ont voulue d'une façon illicite, qui la rend inefficace. Dans l'une et l'autre hypothèse, leur convention ne peut juridiquement produire de dotalité ; et, si, finalement, ils sont déçus dans leurs espérances, ils ne peuvent s'en prendre qu'à eux-mêmes.

Sous quelque physionomie qu'on l'envisage, la clause d'incapacité contractuelle est donc nulle, absolument nulle, ne pouvant produire ni incapacité ni dotalité. A défaut de cette clause, il ne reste plus aux conjoints qui, communs en biens, veulent rendre certains biens de la femme inaliénables et insaisissables, que la ressource de stipuler purement et simplement que ces biens seront inaliénables et insaisissables. Malgré son étendue, cette stipulation, dont la validité incontestable a été consacrée par un arrêt tout récent de la Cour de Cassation, en date du 13 novembre 1895, n'équivaut pas à une stipulation de régime dotal. Les effets qu'elle emprunte au système de la dotalité sont strictement ceux d'une clause d'inaliénabilité et ceux d'une clause d'insaisissabilité, dont les détails vont être déterminés.

CHAPITRE VI

DE LA STIPULATION D'INALIÉNABILITÉ

SECTION I

Validité de la combinaison du régime de la communauté avec une convention d'inaliénabilité

L'imagination des praticiens a donné à cette stipulation d'inaliénabilité trois formules qui, selon nous, ne diffèrent pour ainsi dire pas l'une de l'autre. La plupart du temps, il est dit purement et simplement, « tels biens, meubles ou immeubles seront inaliénables » ; mais, quelquefois, à cette courte formule, on ajoute, ou bien ce complément : « Les immeubles seront inaliénables, conformément à l'article 1554 ; » ou bien cet autre : « Les immeubles ne pourront être ni aliénés ni hypothéqués. » Quelle que soit du reste la forme sous laquelle elle apparaisse, cette stipulation d'inaliénabilité, combinée avec un régime de communauté, est toujours licite. Du reste, on a eu assez souvent l'occasion, au cours de la discussion générale, de parler de cette forme de régime mixte, que l'on prenait alors comme type de combinaison, pour ne pas s'arrêter plus longtemps sur le principe et les conditions mêmes de sa validité. De plus, la stipulation d'inaliénabilité, étant exclusivement une stipulation dotale, sera toujours conçue en termes suffisamment précis pour être opposable aux tiers ; et il n'est pas besoin, pour cette convention, de rechercher, comme pour d'autres (clause de remploi et clause de reprise d'apports francs et quittes) qui peuvent être, selon leur teneur, des clauses de communauté ou de dotalité, en quels termes elle doit être conçue, pour être à bon droit considérée comme stipulation dotale. De telle sorte que la difficulté qui reste ici à résoudre, consiste à préciser quels sont les effets d'une convention d'inaliénabilité stipulée par une femme commune. Dans cette étude, on aura du reste pour but exclusif, et il est bon de le noter une fois pour toutes, non pas de déterminer toutes les conséquences juridiques que peut entraîner la stipulation examinée aux prises avec les détails de la pratique et les difficultés d'espèces possibles ; mais seulement de faire, pour chacune des combinaisons étudiées, le partage des règles propres au régime de la communauté et de celles propres au régime dotal qui peuvent être appelées à concourir simultanément, et la fixation du maximum des règles dotales applicables. Cette détermination faite, celui qui voudra résoudre une difficulté particulière n'aura plus qu'à faire, pour l'espèce qu'il étudie, une juste application des principes posés.

SECTION II

Effets d'une convention d'inaliénabilité stipulée par une femme mariée sous le régime de la communauté

§ I. — *Effets négatifs*

a) *Cette convention n'équivaut pas à une stipulation de régime dotal.* — Un point certain aujourd'hui, c'est que la stipulation d'inaliénabilité n'équivaut pas, pour les biens qui en sont l'objet, à une soumission au régime dotal. La question fut toutefois vivement controversée.

Demolombe, pensant comme Bellot des Minières, Rodière et Pont, voyait dans une pareille clause une constitution de dotalité manifeste.

« L'adoption totale ou partielle du régime dotal, « dit-il (*Revue critique*, tome Ier, page 717), n'est « soumise à aucune forme sacramentelle, et il suffit « que la volonté des parties à cet égard soit certaine, « quelle qu'en soit la forme. Or, en vérité, n'est-il « pas certain que ces époux ont voulu se soumettre « au régime dotal, lorsqu'ils stipulent formellement « l'un des effets les plus importants et les plus « caractéristiques de ce régime, l'inaliénabilité. »

La conclusion que tire le savant professeur ne paraît pas conforme au principe posé dans la prémisse. L'inaliénabilité est bien le principal attribut du régime dotal ; c'en est même un caractère distinctif; mais ce n'en est pas un caractère essentiel, puisque aucun lien de nécessité ne les unit l'un à l'autre. La stipulation d'immeubles aliénables n'implique donc nullement ni la volonté d'être soumis au régime dotal, ni l'expression de cette volonté ; et l'on ne saurait même pas y voir une de ces soumissions implicites que prohibe formellement l'article 1392. Cette solution, que commandent les principes, quand aucun régime n'est stipulé, s'impose à plus forte raison quand la stipulation d'inaliénabilité n'existe que comme accessoire à un régime de communauté. Ce n'est alors qu'une restriction apportée au droit commun adopté par les époux, et on ne peut, sans méconnaître leur volonté, en étendre la portée (1). La jurisprudence avait commencé par suivre la voie que lui préconisait DEMOLOMBE. C'est ainsi que la Cour de Cassation vit une stipulation complète de dotalité dans cette clause : « tels biens seront soumis à la disposition prohibitive de l'article 1554 » (arrêt du 24 mars 1836, cassant une décision contraire de la Cour de Paris (*S*. 36-1-914) ; et dans cette autre : « tels immeubles ne pourront être ni aliénés, ni hypothéqués » (Cassation, 15 mars 1853 (2) (*S*. 53-1-465). Mais, bien qu'elle ne paraisse pas avoir eu l'occasion de se prononcer depuis sur cette même question, on peut dire, sans crainte de se tromper, qu'elle est revenue sur sa jurisprudence antérieure, puisqu'elle en a ainsi décidé implicitement dans un arrêt récent du 13 novembre 1895 (*D*. 96-1-14), sur des biens stipulés inaliénables et insaisissables.

Mais si la stipulation d'inaliénabilité n'équivaut pas, pour les biens qu'elle vise, à une soumission au régime dotal, quels effets emprunte-t-elle à ce régime?

---

(1) En ce sens, TOULLIER (tome XIV, n° 45) ; — DURANTON (tome XV, n° 331) ; — ODIER (tome III, n° 1604) ; — MARCADÉ (*Revue critique*, tome Ier, page 226, et tome II, page 592).

(2) Cette décision est d'autant plus surprenante que l'arrêt critiqué est réellement remarquable par le soin que la Cour a mis à distinguer et à déterminer les clauses qui peuvent engendrer la dotalité.

La question ne paraît pas encore avoir été traitée par les auteurs de doctrine. GUILLOUARD, AUBRY et RAU l'effleurent bien, mais ils ne précisent pas.

« Une pareille clause, disent AUBRY et RAU « (tome V, page 523), bien que n'entraînant pas, « même en ce qui concerne les immeubles qui en « font l'objet, soumission complète au régime dotal, « imprime cependant à ces immeubles le caractère « d'inaliénabilité avec les effets qui y sont attachés « sous ce régime. »

De même, GUILLOUARD (tome IV, n° 1700) :

« Cette stipulation d'inaliénabilité ne produira pas « tous les effets du régime dotal, mais elle protégera « par l'inaliénabilité dotale les biens ainsi désignés. »

Il est d'autant plus regrettable de ne pas trouver de précédents sur ce point, que la difficulté à résoudre est très délicate. C'est qu'en effet toute l'économie du régime dotal repose sur le texte de l'article 1554 : « Les immeubles constitués en dot ne peuvent être aliénés ou hypothéqués, » et de cette formule légale : « les biens dotaux seront inaliénables, » on en a déduit non seulement l'inaliénabilité proprement dite, qui consiste à prohiber la vente et autres actes de disposition, mais encore l'insaisissabilité qui empêche la femme d'engager, ou, comme on l'a dit, d'aliéner indirectement ses biens par l'effet des obligations qu'elle contracte. De telle sorte qu'il nous importe au préalable de rechercher si les biens d'une femme commune déclarés inaliénables seront tout à la fois inaliénables ou insaisissables ou seulement inaliénables.

b) *Cette convention n'équivaut pas à une stipulation d'inaliénabilité et d'insaisissabilité.* — *A priori*, la solution paraît toute simple. La stipulation d'inaliénabilité est ici une restriction apportée au principe de la communauté ; et comme il est de rigueur d'en limiter les effets à ce qui y est expressément contenu, on ne peut rationnellement frapper en outre les biens qui y sont déjà soumis d'une insaisissabilité absolue. — De plus, pour pouvoir valablement diminuer l'étendue du droit de gage général qu'en vertu de l'article 2092 tout débiteur donne à son créancier, et soustraire à l'action de ce dernier une partie de son patrimoine, il faut une déclaration formelle très nette et très précise qui fait défaut en l'espèce. On se trouve placé en face d'un régime de communauté, où tous les biens sont libres ; et, si, sous le régime dotal, l'insaisissabilité résulte valablement de l'inaliénabilité, il ne peut en être de même sous un autre régime. Avec le régime dotal, les tiers sont suffisamment prévenus par l'étiquette sous laquelle les conjoints se placent, et ils n'ont nul besoin de savoir comment est conçu le texte de loi sur lequel la doctrine et la jurisprudence font reposer tout le système de la dotalité. Mais il en est autrement avec un régime de communauté dotalisé, et là une stipulation d'inaliénabilité largement interprétée serait dangereuse pour les tiers. On ne peut leur demander, en effet, de connaître les raisons juridiques qui tendraient à faire décider que des biens déclarés inaliénables sont aussi insaisissables, et, dans les clauses dirigées contre eux, on ne peut leur faire subir que celles qui sont nettement rédigées et compréhensibles pour tous. — Il y a même plus : la volonté des parties de stipuler l'insaisissabilité n'est pas évidente. Si les conjoints n'avaient voulu emprunter au régime dotal que l'interdiction d'aliéner, ils auraient employé la même formule. Il y a sur leur véritable intention un doute et un doute sérieux qui ordonne d'interpréter la clause dans le sens de la liberté. — L'intérêt social qui exige que les biens ne soient pas mis hors du commerce, l'intérêt des tiers qui prétend ne pas être victime d'une clause ambiguë, et en un certain sens, l'intérêt des époux qui demande que leur crédit ne soit pas arbitrairement diminué, commandent l'interprétation restrictive. Si les conjoints avaient voulu faire un plus large emprunt à la dotalité, ils auraient dû dire : « Les biens seront inaliénables et insaisissables, ou bien inaliénables et indisponibles. » A défaut de cette déclaration expresse, on doit regarder leurs biens comme inaliénables purement et simplement.

Au point de vue des principes, cette solution paraît irréfutable. Et elle ne saurait être infirmée, par cette circonstance qu'il est dit : « les biens ne pourront être ni aliénés, ni hypothéqués, » ou par cette autre qu'il a été précisé : « les biens seront inaliénables, conformément à l'article 1554. » On objecterait en vain, que dans la première de ces espèces, les parties, ayant spécifié l'hypothèque, ont visé le cas d'une expropriation forcée ; et dans la seconde, qu'en rappelant l'article 1554, pivot du régime dotal, elles aient manifesté une volonté formelle d'adopter une dotalité complète. La défense spéciale de l'hypothèque ne dit rien de plus, en présence de l'article 2125 qui assimile l'hypothèque à l'aliénation ; et la référence à l'article 1554 peut n'être que le rappel du texte qui autorise la stipulation d'inaliénabilité.

Il y aurait, du reste, selon M. DALLOZ, un arrêt de la Cour de Cassation pour venir corroborer le bien fondé de notre prétention : c'est l'arrêt solennel du 8 juin 1858 (*D*. 58-1-233) :

« Toutefois, pour qu'une dérogation aussi impor-« tante et si préjudiciable aux tiers soit réguliè-« rement apportée au régime de communauté choisi « par les époux, il faut une manifestation de volonté « d'une telle précision, que la dotalité avec ses « conséquences apparaisse à tous sans obscurité, « sans équivoque. Ainsi, il ne suffira pas que les « époux se contentent de stipuler une simple clause « d'inaliénabilité ou de remploi, même engageant la « responsabilité des tiers. Cette clause sera main-« tenue, car elle n'a rien d'incompatible avec le « régime de la communauté ; mais elle ne recevra « son application que dans les limites de la stipu-« lation. Dès lors, les propres de la femme non « transformés en biens dotaux resteront saisis-« sables comme tout propre de communauté. Telle « est, en résumé, l'économie de l'arrêt que nous « recueillons. »

Il serait peut-être téméraire de tirer argument de cet arrêt qui semble rendu sur une espèce un peu différente. Le contrat de mariage sur lequel statue la Cour de Cassation, contient bien une convention d'inaliénabilité conditionnelle, mais sous la forme d'une stipulation de remploi opposable aux tiers. Dans cette hypothèse, la femme commune, c'est indiscutable, n'a envisagé, dans les garanties qu'elle prenait, que les aliénations volontaires, et n'a pas songé, manifestement tout au moins, à se protéger contre ses créanciers et les expropriations qu'ils pourraient suivre contre elle. Mais il est une différence sensible entre notre formule : « tels immeubles seront inaliénables, » et cette autre qui équivaut aussi à une stipulation d'inaliénabilité conditionnelle : « tels immeubles ne pourront être aliénés que sous la protection d'un remploi, dont les tiers seront personnellement responsables. » La seconde de ces formules vise exclusivement les aliénations volontaires ; la première, au contraire, est plus générale, plus absolue. L'intention des parties ne semble pas être la même dans l'un et l'autre cas, et « peut-être » la Cour suprême n'attribuerait-elle pas les mêmes effets à ces deux conventions matrimoniales. On peut, si l'on veut, voir dans cet arrêt un préjugé en faveur de notre solution ; mais on saurait d'autant moins y voir une consécration formelle de notre système, que les objections formulées contre lui sont assez sérieuses.

Logiquement, dit-on, les biens de la femme ne peuvent être inaliénables sans être en même temps insaisissables. Etant inaliénables, ils ne peuvent faire l'objet d'une hypothèque, d'un gage ou d'un privilège, et, si en même temps ils peuvent être saisis, on se heurte à une double contradiction : d'une part, la femme, quoique riche, ne pourra donner de garantie amiable à un créancier et devra se laisser exproprier ; d'autre part, les créanciers privilégiés ou hypothécaires, ne pouvant faire valoir la sûreté qui leur a été consentie, se trouveront dans une situation sinon inférieure, au moins égale, aux simples créanciers chirographaires qui, n'ayant qu'un droit de gage général, pourront se faire payer. — De plus, ajoute-t-on, l'interprétation stricte de cette stipulation d'inaliénabilité pure et simple arrive à ne plus protéger la femme. Si la femme commune prend la précaution de déclarer une partie de ses propres inaliénables, c'est assurément pour se créer un patrimoine intangible, et pour s'assurer toujours et quoi qu'il arrive, tant pour elle que pour ses enfants, un minimum de ressources nécessaires à leur entretien. Or, si les biens sont inaliénables sans être insaisissables, le but proposé n'est plus atteint. Vis-à-vis de son mari ou d'elle-même, la femme a besoin d'être protégée non seulement contre les aliénations qu'elle pourrait consentir, mais aussi et surtout peut-être contre les signatures que, volontairement ou par contrainte, on peut lui faire apposer à un acte d'emprunt. Or, dans l'espèce, qu'arrivera-t-il ? On ne pourra se procurer d'argent par une vente, mais on le pourra par un emprunt ; et la dot, qui ne peut être aliénée amiablement, sera vendue judiciairement après saisie, et finalement gaspillée et perdue.

Ces deux objections sont sérieuses et fondées : mais il faut reconnaître qu'elles ne répondent à aucun des arguments de la première interprétation, et portent seulement sur l'insuffisance d'une stipulation d'inaliénabilité. Cette insuffisance est indiscutable : car, ainsi qu'on va le voir, une stipulation d'inaliénabilité aboutit simplement à préserver la femme contre les dangers d'une aliénation amiable qui, sans être rescindable pour lésion, serait téméraire ou ruineuse, et à lui assurer les garanties que procure toute vente faite par autorité de justice. Ainsi limitée, cette stipulation d'inaliénabilité ne répondra pas toujours, cela est certain, à l'attente de ses auteurs. Et la question revient à savoir laquelle des deux parties en présence il faut sacrifier, la femme qu'un notaire aura souvent laissée mal s'expliquer, ou le tiers créancier qui ne sera jamais qu'une victime innocente. C'est à la femme, ce me semble, qu'il incombe de subir les conséquences de cette stipulation ambiguë.

On considérera donc désormais cette stipulation d'inaliénabilité comme emportant seulement inaliénabilité, et c'est en ce sens que les effets vont en être précisés.

§ II. — *Effets positifs*

Les conséquences juridiques qu'entraîne une stipulation d'inaliénabilité, varient selon que cette stipulation porte sur des immeubles ou sur des meubles.

a) *Inaliénabilité immobilière.* — De ce que les immeubles sont déclarés inaliénables, il s'en suit que la femme ne peut en disposer entre vifs, soit à titre onéreux, soit à titre gratuit. Les actes de vente, de donation, de transaction, de compromis, de partage d'ascendant, et même d'institution contractuelle lui sont interdits, s'ils ont ces biens pour objet; elle ne pourrait même pas en compromettre le sort par des aveux ou par un acquiescement donné à un jugement rendu sur une demande en nullité de saisie. L'aliénation partielle est également prohibée, et la concession sur ces biens d'un simple droit réel, tel qu'une hypothèque, un gage, une servitude, ne saurait être valablement faite (article 2124). Toutefois, l'inaliénabilité ne pouvant survivre au mariage, la femme recouvre par le divorce la plénitude de son droit d'aliénation, et dispose valablement par disposition testamentaire. Pendant le mariage, la femme peut même disposer des biens déclarés inaliénables dans les cas limitativement permis par la loi, notamment pour établir ou doter des enfants communs, pour se procurer des aliments, pour arriver à un échange, pour éviter une expropriation pour cause d'utilité publique. Dans toutes ces hypothèses, l'aliénation doit évidemment être faite dans les conditions prescrites par l'article 1558; et si le prix qui en provient n'est pas intégralement employé aux fins pour lesquelles la vente a été permise, l'excédent doit faire l'objet d'un remploi.

Mais il peut se faire que, contrairement à ce qui

vient d'être dit, l'aliénation d'un immeuble stipulé inaliénable ait été consentie par le mari, par la femme, ou par les deux conjointement. Quelle sera la sanction de cette violation des conventions matrimoniales ?

L'aliénation sera frappée de nullité, mais d'une nullité seulement relative, qui ne pourra pas être proposée par l'acquéreur, et qui sera susceptible d'être couverte, sous certaines conditions (article 1304), soit par une confirmation valablement faite, soit par l'accomplissement d'une prescription de dix ans. Quant aux détails concernant l'exercice de l'action en nullité qui peut être intentée contre l'acquéreur, il faut, pour les préciser, distinguer entre le cas où l'aliénation a été faite par le mari, et celui où elle a été consentie par la femme ; puis, dans chacune de ces hypothèses, combiner entre eux les principes de la communauté et les principes établis par l'article 1560, relativement à l'aliénation d'un fonds dotal.

Si l'aliénation a été faite par le mari, la vente est doublement nulle : elle a pour auteur une personne qui n'est pas propriétaire (1), et pour objet une chose qui, relativement, n'est pas dans le commerce. Ainsi consentie en dehors de la femme, l'aliénation est

(1) On estime généralement que la vente de la chose d'autrui n'est pas résoluble, article 1184, ou inexistante, article 1108, mais nulle ou annulable à raison de l'erreur de l'acheteur sur la personne du vendeur. (Baudry, tome III, n° 503 et suiv.)

pour cette dernière *res inter alios acta*. La femme conserve ainsi tous ses droits de propriétaire, et c'est par une action en revendication (1) intentée contre le tiers détenteur, qu'elle peut les faire valoir. Seulement, le mari, n'ayant pas ici, comme sous le régime dotal, l'exercice des actions immobilières, ne peut, ni de son chef, ni comme mandataire légal, revendiquer l'immeuble indûment aliéné. Il ne peut qu'habiliter sa femme qui a besoin d'être autorisée à ester, soit par lui, soit par justice, peu importe (2). Quant à la femme, elle peut, surtout en présence de l'article 1560 et du caractère dotal de l'immeuble aliéné, exercer cette action en revendication immédiatement, sans crainte de se voir, pendant le mariage, opposer une fin de non recevoir tirée de sa qualité de femme commune. Sa négligence ne peut toutefois lui faire subir de déchéance, car pendant le cours de la vie conjugale elle se trouve protégée par la suspension de prescription écrite dans l'article 2256-2° ; et après le mariage, elle peut exercer cette action en revendication, tant que la prescription acquisitive, soit de 30 ans, soit de 10 à 20 ans, ne s'est pas accomplie au profit de l'acheteur. Celui-ci, forcé de restituer à la femme son immeuble, puise

---

(1) Il semble que, même en présence de l'article 1560, la femme pourra toujours agir par l'action en revendication, sans qu'il y ait lieu de distinguer entre le cas où le mari a vendu l'immeuble comme sien, et celui où il l'a vendu comme dotal. (BAUDRY, tome III, n° 416.)

(2) Voir en ce sens APPLETON, Note sous Chambéry, 6 mai 1885 (*S*. 87-2-177).

dans l'éviction qu'il est tenu de subir, un droit de recours contre le mari. Il peut ainsi obtenir de lui, *condictione sine causa*, la restitution du prix qu'il lui a payé, et lui réclamer en sus des dommages et intérêts, si, conformément aux dispositions de la loi ou aux clauses du contrat, il a droit à garantie. Quant à ce recours en garantie, la communauté devra en payer le montant sans récompense ; et la femme en subira ainsi elle-même pour sa part les conséquences, si, à la dissolution de la vie conjugale, elle s'associe aux actes de son mari par l'acceptation de la communauté. La femme peut aussi renoncer, mais seulement après le mariage, à l'exercice de cette action en revendication, et se borner à réclamer au mari la réparation du préjudice qu'il lui a causé.

Mais l'aliénation du bien dotal peut avoir été faite par son véritable propriétaire, par la femme elle-même. Si elle vend sans l'autorisation de son mari, la vente est nulle à double titre : nulle à raison de l'incapacité du vendeur, et nulle à raison de l'inaliénabilité de l'objet. Le mari peut sans aucun doute, article 225, provoquer la nullité de cet acte illégal. Mais s'il le ratifie par une autorisation postérieure, il perd, croyons-nous, tout droit d'action. Sans doute sa ratification ne fait disparaître que la nullité fondée sur l'incapacité, et ne purge pas le vice inhérent à l'inaliénabilité ; mais il n'a pas, sur le bien aliéné, de droit de propriété, et son droit de jouissance se trouvant valablement anéanti par le fait même de son autorisation, il ne lui reste même plus la ressource d'exercer une action possessoire. Quant à la femme qui a consenti l'aliénation, elle ne peut plus recouvrer son bien par une action en revendication, mais seulement par une action en nullité, susceptible de se couvrir, sous les conditions déterminées par l'article 1304, par la prescription de dix ans. Son droit d'agir en nullité est incontestable, en présence de l'article 1560 : elle a signé un acte que son contrat lui interdisait ; et un silence prolongé de sa part pendant le mariage, ne saurait la forclore. Son action ne paraît pas non plus susceptible d'être repoussée par une exception de garantie, car son bien est inaliénable, et sa dot doit toujours se retrouver. L'acquéreur, obligé de restituer l'immeuble, ne peut se retourner contre le mari qui n'a pas concouru à la vente, *qui auctor est non se obligat;* et vis-à-vis de la femme, ses droits sont assez limités. Il ne peut obtenir d'elle la restitution du prix qu'il a versé, que s'il arrive à prouver que les deniers en provenant ont tourné à son profit ; et encore la somme à restituer devra-t-elle être toujours en rapport avec la mesure de son enrichissement. En ce qui concerne des dommages et intérêts, la femme ne peut être condamnée à en payer, par ce seul fait qu'elle n'a pas déclaré le bien inaliénable. L'article 1560 lui fait sur ce point une situation différente de celle de son mari ; et elle ne peut être tenue d'une indemnité à raison d'une simple réticence relative à la dotalité de l'immeuble. Mais elle peut en devoir une, si elle a fait une promesse de garantie. Une pareille obligation, souscrite avec l'autorisation de son mari, est parfaitement valable, car elle n'a ni pour objet de garantir une obligation nulle, ni pour effet d'empêcher la femme d'exercer son action en nullité ; mais seulement pour but d'indemniser, sur le patrimoine disponible, l'acquéreur du préjudice qu'il peut être appelé à subir. Et si l'on admet que l'immeuble indûment aliéné peut être inaliénable sans être en même temps insaisissable, il semble qu'il peut, à défaut de paiement volontaire par la femme, poursuivre sur ce dit immeuble l'exécution de sa créance de garantie. On objecterait en vain qu'ayant la faculté de reprendre indirectement, par voie de saisie, l'immeuble qu'il détient et qu'on lui réclame, il aurait le droit d'opposer une exception péremptoire de garantie à la femme, qui trouverait ainsi dans la stipulation d'une obligation de garantie, le moyen de renoncer efficacement à l'une de ses garanties matrimoniales. Car c'est l'immeuble même que la femme réclame, et sur cet immeuble, l'acquéreur n'a aucun droit. Non seulement il ne peut prétendre à le conserver en nature, mais s'il arrive, par voie de saisie, à le faire sortir du patrimoine de la femme, ce n'est pas sur l'immeuble qu'il exercera son droit de créance, mais uniquement sur les deniers à provenir de la vente qui en sera faite par justice. Quant à la femme, elle peut avoir intérêt à rentrer en possession de l'immeuble indûment aliéné, sauf à supporter ensuite la saisie de ce même immeuble, si le montant de l'indemnité dont elle peut se trouver débitrice en vertu de sa promesse de garantie, est inférieur à la valeur actuelle de l'immeuble, ou si elle a subi dans la vente qu'elle a consentie, une lésion appréciable, mais inférieure aux sept douzièmes du prix. — Notons enfin que pendant le mariage, l'acquéreur pourrait également poursuivre l'exécution de sa créance de garantie sur les biens de la communauté et sur ceux du mari qui en répondent, sauf récompense ultérieure par la femme, article 1419.

La stipulation d'inaliénabilité produit des effets tout autres, quand elle s'applique à des biens mobiliers.

b) *Inaliénabilité mobilière.* — La dot mobilière ne peut en effet être inaliénable de la même manière et avec la même énergie que la dot immobilière.

On sait déjà que quand il s'agit de meubles consomptibles, la communauté en devient, en vertu de son droit d'usufruit, propriétaire incommutable et n'est tenue que d'en compter la valeur au jour de la liquidation. Il en est de même des meubles qui dans le contrat de mariage ont été l'objet d'une estimation. L'application à un régime de communauté dotalisé de l'article 1551 est toute naturelle, et l'estimation qui en est faite vaut vente à la communauté. Celle-ci a donc, sur ces deux sortes de meubles, un droit de disposition absolu, et relativement à ces propres mobiliers, dits quelquefois « propres imparfaits », la femme n'a plus qu'un droit de créance inaliénable sur la communauté. Quant aux autres meubles corporels, ils ne sauraient être efficacement déclarés inaliénables (sauf, bien entendu le recours en dommages et intérêts de la femme contre le mari, si l'aliénation a été faite par lui). Car s'ils sont vendus et livrés à un acquéreur de bonne foi, le titre de celui-ci est à l'abri de toute critique; nonobstant l'inaliénabilité de la chose, objet de la vente, par la seule application de ce principe qu'en fait de meubles possession vaut titre (article 2279). Notons toutefois, pour le cas exceptionnel où l'une de ces conditions, la livraison de la part du vendeur, ou la bonne foi de l'acheteur, ferait défaut, que le mari et la femme auraient tous deux, puisqu'ils ont concurremment l'exercice des actions mobilières, le droit de revendiquer le meuble indûment aliéné, ou de s'opposer à sa livraison par une exception de dotalité. Il ne peut donc, en réalité, se présenter de difficultés que pour les meubles incorporels, ou, en d'autres termes, pour les créances stipulées inaliénables. Si à leur sujet on s'en tient rigoureusement aux principes posés par le Code, on se heurte, sous un régime de communauté dotalisé principalement, à une véritable impasse : les époux peuvent bien toucher les revenus de ces créances, en poursuivre les débiteurs, en recevoir le remboursement, mais aucun d'eux ne peut les vendre : la femme, parce que, pour elle, les dits biens sont inaliénables ; le mari, parce qu'il ne trouve pas dans l'étendue de ses pouvoirs d'administration le droit (1) de les aliéner. Or il est certain que pour cette espèce de biens dotaux, il y aura surtout, à l'époque actuelle, des valeurs qu'il faudra vendre si on ne veut pas tout

(1) Voir *supra*, page 115, texte et note.

perdre : tantôt ce sera une créance ordinaire sur un débiteur qui marche vers l'insolvabilité, tantôt une action ou une obligation sur une Société financière ou industrielle, et dont le cours à la Bourse baisse rapidement. — Mais devant cette nécessité de la pratique, on peut légitimement user de l'interprétation large, et étendre, pour ce cas spécial, les pouvoirs du mari, sinon l'inaliénabilité qui a été stipulée pour sauvegarder la dot de la femme, en entraînerait la perte. Une fois qu'on admet le principe de l'inaliénabilité mobilière, il faut l'admettre avec toutes ses conséquences ; et une femme commune en biens qui a inséré, dans son contrat de mariage, une stipulation d'inaliénabilité pour sa dot mobilière, a vraisemblablement entendu stipuler cette inaliénabilité telle que la jurisprudence l'a créée (il faut toutefois reconnaître qu'on en arrivera rarement à cette extrémité, car la plupart du temps, il y aura pour le mari, surtout de la part d'une femme commune, faculté d'aliéner sous condition expresse de remploi). Le mari acquérant ainsi, comme administrateur, le droit de disposer de tous les propres mobiliers dotaux, se trouve comme investi de la propriété de ces créances mobilières, à charge d'en restituer la valeur que peut en tirer un bon père de famille ; et les droits de la femme se résument en une créance inaliénable garantie par son hypothèque légale.

De l'inaliénabilité de cette créance, il en résulte pour elle, pendant le mariage :

Qu'elle n'a plus le droit de s'immiscer dans la

gestion de ses meubles dotaux qu'elle remet à son mari avec un mandat d'administration *cum libera,* mais sous la garantie de sa propre responsabilité ;

Qu'elle ne peut ni céder cette créance, représentative de son apport, ni y renoncer, ni en recevoir le paiement ;

Qu'il lui est légalement impossible de compromettre, par un acte quelconque, l'efficacité du recours qu'elle a contre son mari, à raison de la responsabilité qu'il peut encourir dans l'exercice des pouvoirs qui lui sont conférés ;

Qu'elle ne peut se dépouiller, ni par voie de renonciation, ni par voie de cession, de l'hypothèque légale, qui lui garantit le paiement de ces deux sortes de créances principales et accessoires.

Après le mariage, lors de la liquidation qui suivra la dissolution de la société conjugale, la femme exercera toutes ses reprises, dotales ou non, d'abord par prélèvement sur les biens de la communauté, ensuite sur ceux du mari, au marc le franc sur ses meubles, et par préférence sur ses immeubles. Seulement, les subrogations qu'elle aura pu valablement consentir dans son hypothèque, comme femme commune, seront non avenues, si elles compromettent la restitution de ses créances dotales, maintenues au contraire, si, laissant libre un crédit hypothécaire suffisant pour la remplir intégralement de ses droits dotaux, elles ne portent atteinte qu'aux reprises non dotales.

CHAPITRE VII

DE LA STIPULATION DE REMPLOI

SECTION I

But de cette stipulation

On entend, par remploi, le remplacement réel et juridique d'un propre aliéné par un autre propre, ou plus spécialement d'un immeuble par un autre immeuble. C'est une expression commune et au régime de la communauté et au régime dotal (articles 1434 et 1558) ; mais une expression qui répond à deux institutions distinctes, et qui dans l'un et l'autre cas n'a pas la même portée.

Lorsqu'une femme mariée sous le régime de la communauté dispose à titre onéreux d'un de ses immeubles personnels, les deniers provenant de cette aliénation entrent en communauté, comme toute chose mobilière. Avant la promulgation du Code civil, le prix de vente de ce propre tombait définitivement dans la communauté, et à la dissolution de la société conjugale, l'époux aliénateur n'avait droit à une reprise équivalente que s'il avait été inséré dans le contrat de mariage une stipulation de remploi. La stipulation de remploi nous apparaît ainsi comme ayant eu primitivement pour but d'assurer à l'époux la reprise du prix d'un propre aliéné et l'intégralité de son apport. Mais aujourd'hui que ce droit de reprise existe de plein droit, l'expression « remploi », ne s'applique plus guère qu'au remplacement, réel et pendant le mariage, d'un propre aliéné par un autre propre. Souvent même, pour assurer plus efficacement l'exercice de cette reprise et se prémunir contre l'insolvabilité éventuelle de la communauté, la femme insère dans son contrat de mariage une stipulation dite de remploi, dont la fin est de rendre obligatoire ce remploi qui, d'après la loi (article 1433), n'est que facultatif, et d'en constituer le mari débiteur personnellement obligé. La convention de remploi devient alors une clause de garantie que la femme stipule contre son mari. Mais à supposer même que cette obligation du mari soit sanctionnée par une action civile, ce qui ne peut être que si la stipulation impose au mari un délai fatal pour effectuer le remploi, il faut reconnaître qu'en pratique cette garantie sera généralement insuffisante. Pendant le mariage, la femme ne pourra, ou ne voudra actionner son mari en exécution du remploi, qu'il ne fait pas volontairement ; et à la dissolution de la société conjugale, restant sans action sur les tiers acquéreurs qui ont valablement acheté et valablement payé, elle n'aura jamais, pour la remplir de ses droits, que les deux mêmes débiteurs, la communauté, et le mari, qui, dans ce cas, seront la plupart du temps insolvables. Devant cette éventualité qui lui fait perdre et son propre et sa créance, elle a senti le besoin de fortifier ses droits de femme commune, et elle a pensé à faire un emprunt au régime dotal, en stipulant le remploi, tel qu'il est compris sous ce régime.

Sous le régime dotal, le remploi s'entend toujours

du remplacement réel du propre aliéné par un autre propre. Mais l'obligation du remploi, pour le mari, quand elle est stipulée (1), y constitue une condition même de l'aliénabilité des biens de la femme ; de telle sorte que, si, à la dissolution du mariage, le remploi n'a pas été effectué, la femme peut reprendre son immeuble au tiers acquéreur, en lui opposant péremptoirement la non existence de la vente consentie, par le défaut de réalisation de la condition qui en suspendait la validité. Le mari, menacé, s'il ne fait pas le remploi, d'être condamné à payer des dommages et intérêts au tiers acquéreur, se trouve ainsi personnellement intéressé à exécuter son engagement; et si néanmoins il néglige de le remplir, la femme évite de subir une perte en reprenant le propre qu'elle avait aliéné. Pareille stipulation, sous un régime de communauté, est tout à la fois ingénieuse et séduisante. Elle corrige pour la femme le danger de l'aliénabilité de sa dot, sans la jeter dans les entraves d'une inaliénabilité absolue, et lui assure d'une façon aussi certaine la conservation intégrale de ses apports. Seulement, cette convention de remploi est-elle licite sous un régime de communauté ; à quelles conditions est-elle opposable aux tiers ; quels en sont les effets ?

---

(1) L'obligation du remploi n'existe pas nécessairement sous le régime dotal ; elle peut être écartée pour les cas d'aliénabilité légale, et si l'aliénabilité de la dot est conventionnelle, il faut une mention spéciale pour obliger le mari au remploi. — En ce sens, Rouen, 21 mars 1829 (*S.* 30-2-238) ; Grenoble, 17 novembre 1835 (*S.* 36-2-239).

SECTION II

Validité de la combinaison du régime de la communauté avec une convention de remploi stipulée dotale

Il ne saurait y avoir de doute sérieux sur la validité de cette stipulation. La clause de remploi est par elle-même essentiellement licite, puisqu'elle est presque de droit sous le régime dotal. C'est ainsi une stipulation dotale, qui, comme toutes les autres, peut être combinée avec un régime de communauté. La femme, on le sait, aurait pu stipuler que ses biens seraient inaliénables ; elle peut, par cela même, stipuler qu'ils ne seront aliénables que sous condition. C'est la dotalité à un moindre degré ; et dans les deux cas la clause est, en principe, opposable aux tiers. Aussi serait-il inutile d'insister plus longtemps sur la validité de cette combinaison, si le principe même n'en était vivement discuté par TROPLONG.

TROPLONG, qu'il n'est pas surprenant de retrouver ici comme adversaire, ne pouvait en effet logiquement admettre la femme commune en biens à stipuler une clause de remploi opposable aux tiers, après lui avoir refusé la faculté de faire une stipulation d'inaliénabilité. La seconde solution est le corollaire de la première ; mais, comme la première, l'auteur l'édifie sur une pétition de principes.

« La femme, dit-il (tome Ier, n° 81), ne peut « stipuler avec effet contre les tiers, que ses propres

« seront vendus de telle ou telle manière, contraire « au droit commun, et par exemple à condition de « remplacement. Si elle insère dans son contrat de « mariage cette clause qui a du reste son utilité à « l'égard du mari, elle ne fait rien qui oblige les « tiers. Sans doute, le pacte de remploi devra servir « de règle au mari dans l'administration des biens « de la femme, mais il ne sera pas obligatoire pour « les tiers, car c'est l'inaliénabilité qui donne le « principe de l'action contre les tiers ; et sous le « régime de la communauté, c'est la liberté naturelle « de la femme, et la libre disponibilité des propres « qui l'excluent. »

Cet argument, déjà connu et déjà réfuté, n'est pour nous d'aucune valeur. Mais Troplong dit ailleurs, tome II, n° 1085 :

« Du reste, une femme n'est pas maîtresse de se « créer des actions contre les tiers, fût-ce par contrat « de mariage. Un tiers qui a bien acheté et bien payé « n'est pas lié par les clauses du contrat de mariage « qui contrarient son droit. De telles idées ne « peuvent surgir que dans les pays de régime dotal, « où l'on ne fait pas de justes notions de la liberté de « la femme et du droit du mari dans le cas de com- « munauté ; on n'y comprendrait rien dans les pays « de communauté. Pour qu'il en soit autrement, il « faut que les époux ne soient pas mariés en « communauté; il faut que le régime soit plutôt « le régime dotal que le régime de communauté. »

Il semble exagéré de dire que les tiers ne peuvent pas être liés par une clause du contrat de mariage.

S'il en était ainsi, comment justifier l'article 1397, et expliquer cette décision de principe prise par la Cour suprême en novembre 1826 (1), et depuis lors toujours respectée et sanctionnée :

« Attendu que celui qui veut acquérir les biens « propres d'une femme engagée dans les liens du « mariage doit s'assurer, par l'inspection du contrat « de mariage, si les biens sont dotaux ou para- « phernaux et au premier cas, à quelle conditions « l'aliénabilité a été autorisée. »

Les tiers sont toujours libres de ne pas traiter avec une femme mariée, et de ne pas acquérir les biens qu'elle met en vente. Mais quand ils contractent avec elle, ils le font ou sont censés le faire en pleine connaissance de cause, et sont réputés accepter ses conditions. Les prérogatives que la femme s'est réservées dans ses conventions matrimoniales, sont de plein droit des clauses de leur propre contrat. Et dans l'espèce, l'obligation du remploi leur est opposable, parce qu'elle constitue une condition résolutoire de leur acquisition, condition qu'ils ont tacitement acceptée, en consentant librement à la vente. Leur libre consentement, tel est donc le principe de leur obligation. Et pour se dispenser ultérieurement de cette obligation de surveiller et de garantir le remploi, c'est en vain qu'ils prétendraient ne pas avoir le droit de s'immiscer dans une administration qui n'appartient qu'au mari. Car, en consentant à

---

(1) Dalloz, *Recueil*, 1827-1.

l'insertion dans son contrat de mariage de la stipulation qui oblige les tiers à surveiller le remploi, le mari a, par cela même, consenti à ce que cette surveillance fût exercée par eux ; et il a pu le faire valablement, puisque cette surveillance ne peut jamais porter que sur les propres de la femme, à l'exclusion des biens communs.

La jurisprudence est du reste formelle en ce sens ; et, pour ne prendre au hasard que quelques arrêts, on peut citer : Cassation, 15 mars 1853 (*S.* 53-1-465 ; *D.* 53-1-81) ; Cassation, 1er mars 1859 (*S.* 59-1-402) ; Limoges, 11 décembre 1863 (*S.* 65-2-77) ; enfin, Cassation, 19 juillet 1865, dont voici les considérants (*S.* 65-1-372 ; *D.* 65-1-431) :

« Attendu que si en général, dans le régime de la « communauté, la femme conserve la libre disposi- « tion de ses biens, et si en conséquence, la clause de « remploi des biens propres n'engendre pas de plein « droit pour les tiers l'obligation de surveiller le « remploi, *il doit en être autrement,* lorsque cette « obligation de surveiller le remploi leur est imposée « par une clause spéciale et expresse du régime « dotal ;

« Attendu que cette clause n'a rien de contraire « aux lois et aux mœurs, puisque l'obligation qu'elle « impose est de droit sous le régime dotal ;

« Attendu que les tiers ne sauraient s'en plaindre, « puisque en achetant les biens de la femme, ils ont « eu connaissance de son contrat de mariage, et « accepté tacitement l'obligation de surveiller le « remploi.... »

Mais à ce principe que les tiers sont obligés de garantir le remploi, il y a une condition qui tout naturellement s'impose.

SECTION III

De la condition nécessaire à toute convention de remploi stipulée par une femme mariée sous le régime de la communauté pour valoir comme convention dotale

Il a été dit, en effet, que les tiers étaient liés vis-à-vis de la femme, parce qu'en contractant avec elle, ils avaient tacitement accepté les conditions inscrites dans son contrat de mariage. De là cette déduction : pour qu'une clause de remploi soit opposable aux tiers, il faut qu'elle soit stipulée dans le contrat de mariage, et qu'elle y soit stipulée clairement. Cette condition, au surplus, n'est pas nouvelle : ce n'est jamais que la déclaration expresse, exigée pour toute stipulation dotale. Seulement, elle a donné lieu, en cette matière, à quelques difficultés qui tiennent à ce que, stipulée par une femme commune, la convention de remploi peut, comme cela a été expliqué, être entendue de deux manières différentes, et être regardée comme une convention de communauté, ou comme une convention de dotalité. On s'est alors demandé si, en présence d'une stipulation ordinaire de remploi, conçue en cette formule générale : « Les immeubles ne peuvent être aliénés que sous la condition d'un remploi ; » ou en cette autre : « Les immeubles pourront être aliénés, mais les deniers en provenant devront être remployés, » on devait y voir un remploi de communauté en un remploi dotal ; ou, en d'autres termes, si on devait l'interpréter comme une garantie stipulée entre époux par la femme contre le mari, ou comme une condition apposée par elle à l'aliénabilité de ses propres et opposable aux tiers.

Certains auteurs, MERLIN, TOULLIER, ODIER (1), prétendent, et certains arrêts décident, que cette clause de remploi est de plein droit opposable aux tiers. Pour les uns, c'est le seul moyen de faire produire à la clause de remploi quelque effet, sinon, ce n'est qu'une réminiscence de l'article 1433, inutile par conséquent (2). Pour les autres, c'est la conséquence nécessaire de la corrélation qui existe entre les actes de vente et d'acquisition ; et de même que les époux ne peuvent, aux termes de leur contrat de mariage, vendre sans être tenus d'effectuer le remploi ; de même les tiers ne peuvent acheter sans que leur acquisition ne soit frappée de cette même condition (Lyon, 31 mars 1840 (*S.* 40-2-323). — Pour d'autres enfin, le remploi est la condition même de la capacité de la femme, et si elle n'est pas remplie, l'aliénation ne peut être définitive (3).

Il y a là une exagération dont la Cour suprême a

---

(1) MERLIN, *Questions de droit*, Remploi, n° 7 ; — TOULLIER, tome XII, n° 372 ; — ODIER, tome Ier, n° 316.

(2) En ce sens, Caen, 22 mars 1839, 19 avril 1850, 27 décembre 1850 (*S.* 51-2-410) ; —Lyon, 11 juillet 1857 (*S.* 58-2-5).

(3) En ce sens, Caen, 21 février 1845 (*S.* 45-2-553).

fait justice, en cassant, le 1er mars 1859 (*S.* 59-1-402), l'arrêt rendu par la Cour de Lyon, en date du 11 juillet 1857 (*S.* 58-2-5). — Les cours qui ont rendu de semblables décisions (et, il est bon de le remarquer, l'une de ces cours appartient à la province de la Normandie, où, d'après la coutume, le remploi est toujours obligatoire pour les tiers ; et l'autre à un pays de droit écrit où dominent les principes de dotalité) semblent, en effet, avoir méconnu le principe d'interprétation qui s'impose en matière de régime mixte, et avoir appliqué au régime de la communauté les règles propres au régime dotal.

Dans ces régimes de combinaison, où le régime de la communauté se trouve allié au régime dotal, l'interprétation stricte, on le sait, est de rigueur ; et toute stipulation susceptible de deux sens doit recevoir la signification la plus conforme au principe initial des conventions matrimoniales. Quand on se trouve en présence d'une simple clause de remploi stipulée par une femme commune, on ne doit donc y voir qu'une convention de communauté n'ayant d'effet qu'entre époux. La femme a pu, en la stipulant, n'avoir d'autre but que de se réserver comme propres les deniers provenant de l'aliénation de ses biens, ou de s'assurer le droit d'exiger de son mari un remploi immédiat des sommes soumises à emploi ; et cette considération répond péremptoirement au reproche d'inutilité que l'on fait à la stipulation de remploi ainsi interprétée. On ne peut, au surplus, raisonnablement supposer que la femme ait voulu limiter ses droits, ou restreindre les pouvoirs de son mari. En tous cas, il subsiste un doute ; et ce doute nous oblige à prendre l'interprétation qui s'éloigne le moins des principes de la communauté légale. Il ne peut, du reste, y avoir d'hésitation que si cette stipulation de remploi est faite par la femme, puisqu'elle est la seule personne qui puisse stipuler une garantie dotale. Toutes les fois que la stipulation existera au profit des deux époux ou au profit exclusif du mari, il ne saurait y avoir de difficulté. La convention de remploi sera une convention de communauté, puisque autrement interprétée, elle serait non avenue.

Mais on doit aller plus loin et exiger de toute femme commune qui veut stipuler une convention dotale, une intention évidente et manifestement exprimée. Sous le régime dotal, le remploi, quand il est stipulé, est de plein droit opposable aux tiers, car l'inaliénabilité y constitue la règle ordinaire ; et quand cette prohibition se trouve levée sous certaines conditions, il faut que ces conditions soient rigoureusement accomplies, sans quoi le droit d'aliéner manque de l'élément essentiel auquel il avait été subordonné, et l'on retombe dans l'inaliénabilité pure et simple. Sous le régime de la communauté, au contraire, les propres sont de libre disposition ; et l'acquéreur de ces biens en devient propriétaire définitif du jour de la vente qui lui en est faite. Pour qu'il en soit autrement, il faut qu'il soit inséré dans le contrat de mariage, à ce principe fondamental, une dérogation expresse; et c'est cette dérogation expresse qu'on ne peut voir, ni même supposer dans une stipulation ordinaire de remploi. Cette simple clause, portant que remploi sera fait, n'altère pas en effet les droits des époux. Le remploi que le mari doit faire du prix, n'empêche pas, à moins de mention spéciale, la femme d'être capable d'aliéner. C'est seulement après l'aliénation que naît pour le mari l'obligation de faire remploi. Mais à ce moment, les tiers ont valablement acquis le bien aliéné; et ils n'ont plus qu'une seule obligation, celle de payer le prix. Ce prix, ils doivent le payer entre les mains du mari, administrateur des biens de la femme ; et un paiement fait dans ces conditions leur procurant une libération complète et définitive, ils ne peuvent exiger du mari une justification de remploi. L'arrêt de la Cour de Cassation du 1er mars 1859, cité tout à l'heure, reproduit du reste ces observations avec une netteté et une précision remarquables :

« Attendu que, sous le régime dotal, l'inaliéna-« bilité de la dot étant, pour les tiers comme pour les « époux, la règle fondamentale de ce régime, la « clause qui permet d'y déroger sous la seule « condition de l'emploi ou de remploi, laisse persister « vis-à-vis des tiers aussi bien que du mari le prin-« cipe de l'inaliénabilité, à défaut d'accomplissement « de la condition, — tandis qu'en dehors du régime « dotal et spécialement sous le régime de la com-« munauté, la dot de la femme étant aliénable, « et restant à cet égard sous l'empire du droit

« commun, la simple stipulation d'emploi ou de « remploi dans l'intérêt de la femme est une garantie « contre le mari seulement, sans effet contre les « tiers ;

« Attendu qu'en supposant en dehors du régime « dotal l'efficacité légale d'une clause qui imposerait « aux tiers l'obligation de veiller à l'emploi ou au « remploi, et réserverait contre eux en cas de « négligence le recours de la femme, une telle clause « devrait au moins être expresse, et les avertir de « leur responsabilité de manière à prévenir toute « chance d'erreur ; — qu'il ne suffirait donc pas en « l'absence d'une stipulation explicite, de rechercher « dans une interprétation des termes du contrat de « mariage, si les époux ont entendu que la clause de « de remploi fût obligatoire pour les tiers (1)... »

Les observations qui précèdent peuvent se résumer en quelques mots. Une clause de remploi peut être valablement stipulée opposable aux tiers. Mais elle ne leur est pas opposable de plein droit. L'adoption, par une femme mariée sous le régime de la communauté, d'une clause de remploi, doit être, en principe, regardée comme une stipulation de garantie prise par la femme contre son mari ; et pour qu'on puisse l'envisager autrement

(1) Dans le même sens, Cassation, 1er février 1848 (*S*. 48-1-52) ; — Cassation, 13 février 1850 (*S*. 50-1-353) ; — Cassation, 15 mars 1853 (*S*. 53-1-465) ; — Cassation, 6 novembre 1854 (*S*. 54-1-712) ; — Cassation, toutes Chambres réunies, 8 juin 1858 (*S*. 58-1-417 ; *D*. 58-1-233) ; — enfin Cassation, 19 juillet 1865 (*S*. 65-1-372 ; *D*. 65-1-431).

et lui donner effet contre les tiers, il faut que la dérogation stipulée par la femme soit formellement voulue et nettement exprimée. Il en serait ainsi dans les stipulations suivantes :

« Les immeubles de la femme ne pourront être aliénés qu'à la condition de l'emploi du prix en acquisition d'autres immeubles, et de la responsabilité des tiers relativement à cet emploi. »

« Les immeubles de la femme pourront être aliénés, mais les deniers provenant de la vente devront faire l'objet d'un remploi en immeubles, et les tiers acquéreurs devront surveiller ce remploi. »

« Les immeubles de la femme pourront être aliénés. Seulement, les deniers en provenant devront être remployés, et les acquéreurs ne seront propriétaires (ou définitivement libérés) que s'il a été fait un remploi bon et utile. »

« Tels et tels biens de la femme ne pourront être aliénés sans un remploi ou sans une garantie hypothécaire que les tiers acquéreurs seront tenus de conserver par une inscription. »

« Les deniers provenant de l'aliénation des propres de la femme devront être remployés en immeubles, et les tiers acquéreurs devront s'assurer que ces immeubles achetés en remploi sont libres et exempts de toutes charges. »

Toutes ces clauses de remploi seront des clauses dotales, opposables aux tiers. Quels en seront les effets ?

SECTION IV

Effets d'une convention de remploi stipulée dotale par une femme mariée sous le régime de la communauté

Pour arriver à déterminer les conséquences juridiques de cette stipulation dotale de remploi, prise isolément, et combinée avec un régime de communauté, le plus sûr, ce me semble, est de procéder tout d'abord par élimination.

§ I. — *Effets négatifs*

Premièrement, la stipulation de remploi ne vaut pas, pour les biens auxquels elle s'applique, soumission au régime dotal. Poussée au maximum, cette clause ne peut jamais être qu'une stipulation d'inaliénabilité conditionnelle, faite en vue de garantir le recours de la femme contre le mari ; et l'on ne saurait trouver dans sa formule une volonté certaine et manifestement exprimée d'adopter même partiellement le régime dotal. Cette conséquence absolue n'a pas été, du reste, réellement soutenue ; mais on a prétendu et jugé à maintes reprises que la clause de remploi valait stipulation de dotalité, rendant les immeubles qui en étaient l'objet, inaliénables et insaisissables.

Merlin *(Questions de droit,* Remploi, § 7), Odier (tome Ier, n° 316), sont les principaux champions de cette doctrine. Pour justifier l'interprétation qu'ils donnaient à la clause de remploi, ces jurisconsultes et les magistrats qui partageaient leur manière de voir, prétendaient, entre autres motifs, que les biens ne pouvant être aliénés sans remploi, ne pouvaient, par cela même, être ni hypothéqués ni saisis, l'hypothèque et la saisie conduisant fatalement à une aliénation sans remploi ; et ils en concluaient que les créanciers privilégiés, hypothécaires ou chirographaires, peu importe, envers lesquels la femme s'était valablement engagée, ne pouvaient poursuivre le paiement de leurs créances sur les biens soumis au remploi.

C'était ouvertement méconnaître l'esprit de cette convention de remploi, et en étendre la portée en dehors des cas prévus, ce qui est inadmissible pour une stipulation dotale. Par cette clause de remploi, en effet, la femme a uniquement pour but de se protéger contre les dangers de l'aliénation et les dilapidations possibles de son mari ; si elle rend les tiers acquéreurs responsables du défaut de remploi, c'est simplement pour contraindre indirectement son mari à remployer les sommes qu'il a touchées pour elle, et l'empêcher de gaspiller les deniers provenant de la vente de ses propres. Mais, si, par cette convention de remploi, elle entend se prémunir vis-à-vis de son mari contre les aliénations abusives qu'il pourrait consentir et le mauvais emploi qu'il pourrait faire des deniers qui lui sont ainsi procurés, elle ne manifeste nullement l'intention de restreindre ses droits et d'indisponibiliser sa dot. Et de même qu'elle ne se dépouille pas de la faculté de disposer à titre gratuit (car il faut aller jusque là, la donation étant par essence une aliénation sans remploi), de même elle ne destitue pas ses créanciers du droit d'exercer leurs poursuites sur tous ses biens, conformément aux articles 2092 et suivants. Cette indisponibilité de certains biens, cette interdiction pour la femme du droit d'user d'une faculté naturelle, et pour les créanciers cette déchéance du droit commun, ne peuvent résulter, nous le savons, que d'une stipulation très formelle et très précise. En un mot, la stipulation de remploi ne vise que les ventes consensuelles ; elle ne s'adresse qu'aux acquéreurs volontaires ; et on ne peut l'étendre ni aux tiers créanciers ni aux adjudicataires sur vente judiciaire.

Cette opinion est aujourd'hui universellement admise, tant en doctrine qu'en jurisprudence. Mais il n'en fut pas toujours ainsi, et il est curieux de jeter un coup d'œil sur le tableau qu'offrent sur ce point les contradictions des Cours d'appel et l'évolution de la Cour de Cassation. La question posée aux tribunaux était presque toujours soulevée de la même manière : une femme, mariée sous le régime de la communauté légale ou de la communauté d'acquêts, avait dans son contrat de mariage stipulé, presque toujours en souvenir de la tradition et comme rappel de l'article 1433 (car généralement la clause de remploi n'y est pas stipulée opposable aux tiers), une clause de remploi pour tout ou partie de ses biens. Au cours du mariage, elle souscrit des engagements ou consent des hypothèques ; puis, quand vient le moment du paiement, elle oppose la nullité des garanties réelles qu'elle a concédées, prétendant que la clause de remploi insérée à son profit dans le contrat de mariage vaut, pour elle et relativement aux biens qui y sont soumis, stipulation de dotalité, par conséquent d'inaliénabilité et d'indisponibilité ; et si ses créanciers finissent par recourir à des poursuites judiciaires, elle demande aux tribunaux de déclarer nulle et non avenue la saisie qu'ils ont pratiquée, comme portant sur des biens insaisissables. Sur cette question, les Cours d'appel se sont partagées selon leurs tendances et l'esprit des pays où elles jugeaient. Les unes, celles de Toulouse, arrêt du 24 mars 1830 (*S.* tome 9-2-421); de Bordeaux, arrêts des 16 avril 1842 et 11 mai 1848 (*D.* 42-2-178 et *S.* 48-2-482) ; de Riom, arrêts des 27 août 1846 et 23 juillet 1849 (*S.* 47-1-657 ; 50-1-353); de Limoges, arrêt du 24 juillet 1857 (*D.* 58-1-371), donnèrent raison aux créanciers. D'autres, au contraire, appartenant à des régions où dominait soit l'influence du droit normand, soit l'influence de l'ancien droit écrit, accueillirent favorablement les prétentions de la femme ; telles les Cours de Caen, arrêts des 27 janvier 1819 et 7 décembre 1852 (*S.* tome 6-1-329 et 54-1-712) ; de Rennes, arrêt du 3 mai 1855 (*S.* 58-1-417) ; de Dijon, arrêt du 27 novembre 1837 (*S.* 42-1-6), et de Lyon, arrêt du 11 juillet 1857 (*S.* 58-2-5). Quant à la Cour de Cassation, elle paraît avoir été appelée à se prononcer pour la première fois en 1820 (arrêt du 23 novembre 1820, *S.* tome 6-1-329). Elle réduisit alors la question à une simple appréciation de clause, non susceptible d'être déférée à sa censure, et pourtant, chose curieuse, elle crut, malgré la péremption de cette fin de non recevoir, devoir manifester son opinion, car, approuvant la sentence rendue par la Cour de Caen (dans son arrêt du 27 janvier 1819, déjà cité), elle rédigea ainsi son arrêt :

« Attendu que la Cour de Caen a fait une juste « interprétation de la clause portée au contrat de « mariage ;

« Attendu que, d'ailleurs, en supposant que cette « interprétation fût erronée, elle échappe à la cen- « sure de la Cour... »

En 1836, la question revint devant elle, mais sous une autre forme : il s'agissait d'une clause de remploi, stipulée par une femme dotale et relative à ses paraphernaux. La Cour rejette alors la prétention d'inaliénabilité, mais pour ce motif que les biens paraphernaux ne pouvaient être rendus inaliénables (arrêt du 7 juin 1836, *S.* 36-1-721). Toutefois, à la date du 29 décembre 1841 (*S.* 42-1-5), la Cour prit nettement parti ; et, par trois arrêts de cassation rendus le même jour, elle interpréta « en droit » la clause litigieuse, et décida que la stipulation de remploi n'imprimait pas aux propres de la femme commune le caractère de la dotalité.

« Attendu, en droit, que cette stipulation de « remploi n'a pas soumis les biens propres de la « dame Chavet au régime dotal... »

Cette jurisprudence fut ensuite confirmée par des arrêts en date du 23 août 1847 (*S.* 47-1-657 ; *D.* 47-1-331); 13 février 1850 (*S.* 50-1-353) ; 6 novembre

1854 (*S.* 54-1-712 ; *D.* 54-1-439), et enfin solennellement affirmée par un arrêt rendu, toutes Chambres réunies, sur les conclusions conformes du procureur général Dupin, le 8 juin 1858 (*S.* 58-1-417 ; *D.* 58-1-233).

« Attendu que la femme commune qui veut « modifier par une clause de dotalité partielle le « régime sous lequel elle s'est mariée doit en faire « dans le contrat la déclaration expresse ; que si, à « cet égard, aucune formule sacramentelle n'est « prescrite, l'intention doit toujours être assez « clairement énoncée pour qu'aucun doute ne puisse « tromper les tiers ;

« Attendu qu'il appartient à la Cour de Cassation « de déterminer le caractère légal des conventions « matrimoniales et d'en qualifier les clauses ;

« Attendu qu'il résulte de l'arrêt attaqué, que par « l'article premier de leur contrat de mariage, les « époux Yvon ont adopté le régime de la commu- « nauté avec certaines restrictions et modifications ; « — que l'article 5 impose au mari, s'il aliène les « immeubles de sa femme, l'obligation d'un remploi « accepté par elle, ou d'une garantie hypothécaire « que les acquéreurs sont tenus de conserver par « une inscription ;

« Attendu que cette clause ne présente ni une « déclaration expresse de dotalité, comme le veut la « loi, ni une stipulation qui puisse en tenir lieu ; « qu'elle ne fait qu'assurer certaines garanties à la « femme pour le cas d'une vente volontaire, mais « qu'il n'en ressort pas nécessairement que, d'une

« manière absolue et pour les obligations qu'elle « pourrait contracter personnellement, ses biens « immeubles se trouveraient frappés de l'inaliéna- « bilité dotale ;

« Attendu dès lors qu'en dehors du cas prévu et « qui seul a été l'objet de la clause, la dame Yvon « a conservé toute sa liberté de femme commune ; « qu'elle a donc pu s'engager envers les tiers sur ses « biens personnels ;

« D'où il suit qu'en refusant à Chemin et à « Lefrançois, ses créanciers, le droit de la pour- « suivre sur ses immeubles propres, l'arrêt a violé « les articles 1392, 1554 et 2092 du Code civil,

« Casse. »

A partir de cette époque, la question fut définitivement tranchée : et dans les Recueils de jurisprudence, l'on ne trouve plus s'y rapportant que deux arrêts de rejet rendus par la Chambre des requêtes, à la date des 9 août 1858 (*D.* 58-1-371) et 19 janvier 1869 (*S.* 69-1-360), et deux arrêts de la Cour de Lyon (1) (14 janvier 1868, *S.* 68-2-6, et 4 janvier 1877, *S.* 77-2-269), tous conformes à la décision de la Cour suprême.

Il est alors décidé d'une façon unanime :

« Que l'on ne peut voir dans la clause de remploi une stipulation de dotalité frappant d'inalié-

---

(1) La Cour de Lyon s'était antérieurement prononcée en sens contraire.

nabilité et d'insaisissabilité les biens qui en sont l'objet (1) ;

« Que la femme qui l'a stipulée conserve, en dehors du cas d'aliénation volontaire, toute sa liberté de femme commune ;

« Qu'elle peut, en conséquence, valablement consentir une hypothèque sur ses propres dotalisés ;

« Qu'elle conserve la faculté de s'engager vis-à-vis des tiers sur tous ses biens personnels, et même de les subroger sur ces mêmes biens dans son hypothèque légale ;

« Que ses créanciers peuvent poursuivre l'exécution des obligations qu'elle a souscrites à leur profit sur tout son patrimoine, sans excepter les biens soumis au remploi ;

« Qu'en un mot, la clause de remploi ne doit s'appliquer qu'aux aliénations volontaires, et n'a qu'un seul but : garantir efficacement à la femme l'emploi des deniers provenant de la vente de ses propres, en intéressant les tiers à ce qu'il soit fait. »

§ II. — *Effets positifs*

Rendre ainsi les tiers responsables du défaut de remploi, telle est la véritable raison d'être de cette stipulation, et en même temps le critérium, qui,

---

(1) On admet toutefois qu'elle pourrait aussi, par une mention spéciale, déclarer que ses immeubles ne pourraient être hypothéqués sans remploi. (Voir Aubry et Rau, tome V, page 577, note 71 et références.)

marquant la limite maximum de ses conséquences juridiques possibles, va nous permettre de préciser : Quel doit être le remploi ; — Quelles sont les obligations des tiers ; — Quels sont leurs droits ; — Quelle est la sanction de leur responsabilité.

a) *Quel doit être le remploi.* — La clause de remploi a pour fin d'assurer à la femme la conservation de sa dot, et d'empêcher que les deniers provenant de la vente d'un de ses propres ne soient gaspillés ou même utilisés à un autre but, fût-il très utile. De là il suit que ces deniers devront nécessairement faire l'objet d'un remploi, c'est-à-dire servir exclusivement (1) à l'acquisition d'un autre bien qui sera juridiquement substitué à l'ancien, et qui, comme lui, sera propre et dotal. Pour connaître toutes les conditions de ce remploi, il faut consulter la volonté exprimée des époux, suivre fidèlement ce qui est dit en leur contrat de mariage, qui fait ici la loi de toutes les parties ; et ce n'est qu'à défaut de conventions matrimoniales, que l'on devra suivre les principes légaux qui seuls vont être sommairement exposés.

Le remploi doit se faire en immeubles ou en biens légalement assimilés, tels que les actions de la Banque de France et les titres de rente sur l'Etat français. Mais généralement les époux étendent le cercle des choses pouvant faire l'objet d'un remploi

---

(1) Les deniers ne pourraient être efficacement employés à l'obtention d'une constitution d'hypothèque, à l'acquittement des dettes, à l'acquisition d'une rente viagère...

et admettent les obligations de nos principaux établissements financiers ou de nos grandes Compagnies de chemins de fer et les titres de crédit sur la plupart des Etats étrangers.

Aucun délai n'est fixé pour faire le remploi. Il peut être fait longtemps après la vente, comme il peut aussi être fait par anticipation. Et si, dans le contrat de mariage, un délai est fixé pour le faire, on admet, à moins d'une volonté contraire des parties, que ce délai n'est pas fatal, et que le remploi peut être utilement fait après son expiration. Il y a toutefois une limite : car le remploi, pour exister comme tel, doit nécessairement être fait pendant le mariage, les immeubles acquis postérieurement à sa dissolution ne pouvant plus être frappés de dotalité. Ce remploi, le tiers acquéreur ne le doit pas, mais il en est garant : en cela se résume toute son obligation.

b) *Obligations des tiers acquéreurs.* — Le tiers acquéreur ne doit pas le remploi ; il ne pourrait même pas, par une clause du contrat de mariage, être valablement chargé de l'effectuer : cette mission ne peut appartenir qu'au mari, administrateur des biens de la femme. Toutefois, la femme commune conservant la liberté de gérer elle-même son patrimoine, le remploi peut, sous le régime de la communauté, être fait indistinctement par la femme ou par le mari. Seulement, ce remploi, le mari peut négliger de l'effectuer, et la femme ne peut le faire sans l'autorisation de son mari ; et, pour arriver sûrement à ce qu'il soit fait, et bien fait, on a rendu le tiers acquéreur responsable de sa réalisation. On dit alors qu'il en est garant. Son obligation ne se borne pas du reste à en garantir la réalité, mais aussi la validité et l'utilité. La dot de la femme ne serait pas conservée, ou du moins elle ne le serait qu'insuffisamment, si l'acquisition faite en vue de ce remploi était sujette à nullité, rescision ou révocation, ou si le bien acquis n'avait pas, au moment où le remploi devient définitif par l'acceptation de la femme, une valeur au moins égale au montant de la reprise qui lui est due. Aussi le tiers ne sera-t-il définitivement dégagé de toute responsabilité que par l'accomplissement régulier de toutes ces conditions.

c) *Droits des tiers acquéreurs.* — Mais, corrélativement à l'obligation dont il est tenu, le tiers acquéreur a, cela est de toute équité, des droits qui lui permettent de se couvrir contre les responsabilités qu'il encourt et par lesquels il peut arriver à forcer indirectement les époux à faire un bon remploi. Ces droits sont à envisager à deux époques différentes, avant et après le paiement de la somme sujette à remploi.

Avant le paiement, le tiers acquéreur a deux moyens à sa disposition : l'un défensif, l'autre offensif.

Tout d'abord, il peut, lorsque le paiement du prix de vente lui est réclamé, refuser de le payer. Comme acquéreur, il ne semble pas pouvoir se protéger de l'article 1653, qui, tout en statuant sur une hypothèse analogue, repose sur d'autres motifs ; mais, comme débiteur, il a le droit incontestable de ne vouloir s'acquitter que dans des conditions qui lui assurent une libération complète et sans réserves. La Cour de Cassation en a du reste admis et formulé le principe en confirmant, arrêt du 19 juillet 1865 (*S.* 65-1-372), une décision de la Cour de Limoges, du 11 décembre 1863 (*S.* 65-2-77), ainsi conçue :

« Attendu qu'ils ont dès lors intérêt et le droit « d'exiger que les conditions desquelles dépend « la validité de leur libération soient pleinement « exécutées à leur égard, et de se refuser à tout « paiement, tant que les époux ne leur offrent pas « les garanties d'emploi ou d'hypothèque qui ont « été stipulées dans le contrat de mariage...... » et en statuant comme suit, dans un arrêt récent du 21 février 1894 (*S.* 95-1-393 ; *D.* 94-1-294) :

« Attendu que les tiers acquéreurs ne sont tenus « de payer aux mains du mari qu'autant qu'il « justifie d'un remploi conforme au contrat de « mariage.... »

Seulement, ce droit reconnu à l'acquéreur soulève une difficulté pratique. Car, d'une part, l'acquéreur peut refuser de payer tant qu'il n'y a pas de remploi, et, d'autre part, c'est avec les deniers qu'il détient que le remploi doit être fait. De telle sorte que si les époux ne peuvent faire l'avance des fonds, ou obtenir crédit, on se heurte à une impasse. Aussi les parties prudentes ont-elles soin de stipuler dans le contrat de mariage, que l'acquéreur sera dégagé de toute responsabilité, pour les remplois en immeubles, par la remise des deniers au notaire chargé de dresser l'acte d'acquisition, et pour les remplois en valeurs mobilières, par la remise de ces mêmes deniers à l'agent de change chargé de faire en Bourse l'achat des titres désignés. Cette clause, usitée à Paris, concilie tous les intérêts, ceux du tiers qui se trouve complètement libéré, et ceux de la femme qui trouve dans ces officiers publics toutes les garanties désirables. — Ayant le droit de refuser le paiement, l'acquéreur a incontestablement la faculté de payer, non pas avec une décharge de toute responsabilité future, ce serait nul, article 1395; mais de payer sur la dation d'une sûreté, caution ou hypothèque, qui lui donnera la certitude d'être indemnisé du préjudice qu'il pourra subir, ou sur la promesse personnelle des époux de le garantir contre les effets pouvant résulter pour lui d'un défaut de remploi.

Ce refus de payer n'est toutefois, il faut le reconnaître, qu'un procédé d'attente; car s'il permet au débiteur de ne pas exposer le prix de vente qu'il doit payer, il ne lui procure pas sa libération. Il doit garantir le remploi; or ce remploi, il ne peut, tant que les deniers ne sont pas versés, ni le faire lui-même, ni l'exiger du mari qui ne le lui doit pas, ni se faire autoriser par justice à l'exécuter, en vertu de l'article 1144, au lieu et place du débiteur. Son obligation de garantie n'est pas de nature à être éteinte, tant que les deniers ne sont pas reçus par les époux, et précisément il peut ne pas vouloir les leur verser, ou ne pas pouvoir les contraindre à les recevoir. Il ne peut s'en décharger que par des offres réelles suivies de consignation. Par la consignation, il s'affranchira de toute responsabilité pour le temps qui s'écoulera depuis la consignation jusqu'au retrait, et cessera en outre de devoir les intérêts de son prix. Mais, contrairement aux effets ordinaires de cette procédure, il ne sera pas définitivement libéré et devra toujours surveiller le remploi. Cette solution, consacrée du reste par la jurisprudence de la Cour de Cassation, arrêt du 12 mai 1857 (*S.* 57-1-580), s'impose, sinon la consignation arriverait à rendre inefficace la clause de remploi; et en engageant ou en forçant, par son inactivité, l'acheteur à y recourir, le mari arriverait à supprimer la garantie matrimoniale stipulée par la femme.

Mais il est possible que sur l'offre ou l'espérance (je ne dis pas la promesse, car il y aurait là un engagement civil qui mettrait le tiers à couvert) qui lui aura été donnée d'un remploi, l'acquéreur, confiant dans la parole des époux, se soit décidé à verser son prix de vente entre les mains du mari. Son obligation de garantie devient alors conditionnelle, et la somme qu'il a payée se trouve presque entre les mains du mari sous sa propre responsabilité personnelle; si bien que si cette somme par lui versée vient à être dissipée, le paiement qu'il a fait sera, tout au moins vis-à-vis de la femme, considéré comme non avenu. Il a, par suite, intérêt à ce que le remploi soit fait au plus vite; et d'autre part, le mari qui a les deniers à sa disposition, se trouve, en sa qualité même d'administrateur des biens de la femme, débiteur de ce remploi. Alors, mais alors seulement, le tiers acquéreur pourra réellement agir. Si le mari propose un remploi à sa femme, et que cette dernière refuse de l'accepter, il pourra le faire accepter par justice, la femme et le mari dûment appelés, et suppléer ainsi par un jugement au consentement de la femme. Si ni le mari ni la femme ne s'occupent de trouver un remploi, il pourra, usant de l'article 1144, se faire autoriser par justice à exécuter lui-même cette obligation de faire, et à leur offrir un remploi qu'ils devront accepter, s'il est reconnu valable par justice (1).

Mais généralement, le tiers acquéreur n'aura ni la prudence ni la patience de prendre toutes ces précautions qui lui permettent de s'acquitter de son obligation de garantie, sans courir de risques. Il paiera, sans qu'il lui soit justifié d'un remploi ; ou bien il négligera de discuter la validité ou l'utilité du remploi qu'on lui présente, et finalement se rendra passible d'un recours postérieur de la femme, pour n'avoir pas rempli vis-à-vis d'elle l'obligation qu'il avait acceptée en se rendant acquéreur d'un de ses biens. La sanction de cette obligation est pourtant assez rigoureuse pour qu'on y prenne garde.

d) *Sanction de la responsabilité des tiers acquéreurs.* — Cette sanction, dépendant de la volonté des époux, peut être plus ou moins rigoureuse ; mais généralement, elle revêt l'une de ces deux formes,

---

(1) En ce sens, Cour de Caen, 30 avril 1849 (*S.* 52-2-177).

et suivant la stipulation matrimoniale des conjoints, l'obligation du remploi est pour le tiers acquéreur une condition apposée à la validité de sa libération, ou une condition apposée à la validité même de son acquisition. A défaut de remploi, dans le premier cas, le paiement qu'il a fait sera nul et non avenu ; dans le second cas, l'immeuble qu'il a acheté et dont il a payé le prix, sera inaliénable. Si les conjoints n'ont pas nettement spécifié qu'ils entendaient frapper les immeubles dotalisés de l'inaliénabilité, on doit considérer la clause de remploi comme une simple condition apportée à la libération du débiteur. Cette interprétation est plus conforme à la nature du régime matrimonial adopté, qui déclare les propres de la femme libres de toute disposition, et plus en rapport avec le but poursuivi par la femme, qui, mariée sous le régime de la communauté, n'a pris cette garantie que pour s'assurer contre la dissipation par son mari des deniers provenant de la vente de ses propres (1).

Lorsque l'obligation du remploi n'est qu'une condition de la libération des tiers, il ne peut évidemment y avoir contre lui d'action spéciale en garantie distincte de l'action en paiement de sa

---

(1) En ce sens, LAURENT, tome XXI, n° 128 ; — GUILLOUARD, tome I, n° 90 ; t. II, n° 503 ; — AUBRY et RAU, tome V, pages 344 et 524 ; — FUZIER-HARMAN, Code civil annoté, article 1391, n° 25, et la jurisprudence de la Cour de Cassation, arrêt du 19 juillet 1865 (*S.* 65-1-372 ; *D.* 65-1-431).

dette, que lorsqu'il a payé. Alors, s'il n'y a pas eu emploi, il peut être assigné à payer une seconde fois, sans que l'on ait aucune preuve à administrer contre lui. C'est lui, en effet, qui est débiteur, et sa dette une fois établie, c'est à lui qu'il incombe de prouver sa libération, et à cet effet de justifier d'un paiement libératoire, c'est-à-dire d'un paiement suivi de remploi. Il pourra toutefois écarter la poursuite dirigée contre lui, s'il arrive à démontrer que la somme versée par lui existe encore intégralement sous une forme ou une autre, dans le patrimoine des époux. Le remploi, prescrit par le contrat de mariage, peut encore être fait ; et l'action en garantie des époux se trouvant sans intérêt doit être rejetée. Si le remploi intégral n'est plus possible, le tiers acquéreur devra payer une seconde fois pour rendre à nouveau ce remploi possible, mais après avoir payé, il pourra répéter par une *condictio sine causa*, ou peut-être même avant de payer, par voie de compensation, une somme correspondante à la valeur des deniers qui sont prouvés avoir procuré un enrichissement aux époux. Débiteur de son prix de vente, il ne pourra pas, sur l'action en nouveau paiement qui lui est intentée, se dérober à un second paiement en rendant l'immeuble acheté ; car la femme venderesse a le droit de poursuivre l'exécution du contrat ; elle peut même y avoir intérêt. Mais, par contre, si l'acquéreur ne paie pas ou ne peut plus payer, elle pourra faire prononcer la résolution de la vente avec dommages et intérêts à son profit par l'exercice de l'action résolutoire, qui compète à tout contractant dont la partie adverse ne remplit pas ses engagements, article 1184.

Cette action en garantie est essentiellement une action mobilière, puisque elle tend uniquement au paiement d'une somme d'argent ; et d'après les principes de la communauté, l'exercice en appartient indistinctement au mari et à la femme. Pour la femme, son droit d'action est incontestable ; et quoi qu'elle fasse pendant le mariage, elle conserve, même malgré elle, le droit de revenir sur une aliénation faite au mépris de ses conventions matrimoniales. Pour le mari, au contraire, il semble qu'il y ait lieu de distinguer entre le cas où il a reçu lui-même le paiement du prix de vente et le cas où il n'a qu'autorisé sa femme à le toucher. Dans le premier cas, il perdrait le droit d'agir qu'il conserve dans le second. On sait en effet que le remploi ne doit pas nécessairement suivre immédiatement la numération des espèces, et que la libération du tiers acquéreur dépend de la validité de deux actes distincts, le paiement et le remploi, qui peuvent être divisés. De telle sorte qu'en payant entre les mains du mari, qui a mandat de toucher les capitaux dus à la femme, le débiteur d'une somme dotale se libère complètement vis-à-vis de lui, tout en restant tenu provisoirement vis-à-vis de la femme. Par le seul effet de ce paiement, son obligation de garantie devient conditionnelle et n'existe que si le remploi n'est pas fait. On conçoit dès lors que le mari qui doit le remploi, et qui peut toujours le faire, ne puisse pas poursuivre le débiteur à raison d'un engagement soumis à la réalisation d'une condition négative qui, pour lui, est réputée n'être jamais remplie. Il serait en outre illogique et injuste que le mari pût se prévaloir de sa propre faute (il n'a pas effectué le remploi qu'il devait faire) pour revenir, en sa qualité d'administrateur des biens de la femme, sur un acte définitif et irrévocable à son égard, qu'il a valablement accompli en cette même qualité d'administrateur. Il en serait de même, si, par une extension conventionnelle de ses pouvoirs, il avait reçu de sa femme mandat d'aliéner ; car ce serait toujours en sa qualité d'administrateur qu'il agirait deux fois contradictoirement en consentant l'aliénation et en poursuivant l'acquéreur en garantie. — Il en est tout autrement, au contraire, quand le mari ne fait que prêter à sa femme le concours de son autorisation maritale. Il n'agit plus deux fois en qualité d'administrateur, mais une fois comme mari en autorisant l'aliénation et la réception du paiement, et une fois comme administrateur en assurant la conservation de la dot menacée. Le tiers acquéreur ne peut, par suite, trouver une fin de non recevoir à l'action dirigée contre lui, dans la négligence qu'a pu commettre le mari en ne faisant pas le remploi, l'omission du remploi ne pouvant équivaloir à un acte positif d'administration. Cette distinction, subtile il est vrai, est enseignée par M. Bartin (*Etude sur le régime dotal*, pages 47 et 80), qui soutient que, sous le régime dotal, le mari ne peut, après avoir reçu une somme dotale qu'il n'a pas employée, réclamer au débiteur un second paiement, mais peut, après avoir autorisé la vente d'un immeuble dotal, aliénable sous la condition de remploi, et non remplacé, actionner l'acquéreur en restitution de l'immeuble non remployé (1). Cette transition nous conduit tout naturellement à parler du cas où l'obligation du remploi, stipulée plus rigoureuse pour les tiers, affecte la validité même de leur acquisition.

Si la clause de remploi est stipulée par les parties, comme mettant une condition à l'aliénabilité même de l'immeuble auquel elle se refère, l'action en garantie que la femme a contre le tiers acquéreur n'est plus alors une simple action en paiement, mais une action en nullité de la vente ; elle devient par cela même une action immobilière qui ne rentre plus dans la limite des pouvoirs du mari, et dont l'exercice appartient exclusivement à la femme. Une telle instance ne saurait au surplus être engagée contre l'acquéreur, tant que ce dernier n'a pas été mis en demeure de payer ; car en se faisant payer, les époux se mettent à même d'effectuer le remploi prescrit par le contrat de mariage, pourvu toutefois que le remploi ne soit pas devenu impossible par la dissolution du mariage. Si sur cette mise en demeure l'acheteur ne paie pas, on agira contre lui en résolution de la vente, par application de l'article 1184. S'il a payé et si les deniers versés n'ont pas été

(1) En ce sens aussi, un arrêt de la Cour de Grenoble, en date du 28 juillet 1866 (*S.* 1866-2-137).

remployés, la condition sous laquelle l'aliénation était promise étant défaillie, la vente qui a été consentie n'est pas valable, et on en poursuivra la nullité à raison de l'inaliénabilité du bien qui en fait l'objet. Appelé à restituer l'immeuble qu'il a acheté et payé, l'acquéreur paraît avoir la faculté d'empêcher la révocation de la vente et de garder ce qu'il détient, en offrant de payer une somme représentant le montant du prix de la vente, et aussi, croyons-nous, la valeur de la plus-value naturelle que l'immeuble a pu acquérir depuis son aliénation (1). Avec cette somme, la femme pourra se procurer, par le remploi, un immeuble de même valeur que celui qu'elle réclame ; et son action en garantie devenant ainsi sans intérêt, cesse d'être recevable. De telles offres ne pourraient au surplus arrêter l'instance en nullité, que si elles sont faites avant la dissolution du mariage. Après le mariage, le remploi n'est plus possible, l'inaliénabilité de l'objet vendu devient absolue, et la femme a le droit de préférer la reprise de son immeuble à une numération d'espèces. Le droit pour la femme de recourir en garantie contre le tiers acquéreur subsiste, quelle qu'ait été son attitude pendant le mariage, et ne se prescrit que par l'expiration d'un délai de dix ans à partir du jour de la dissolution du mariage. Mais comme à dater de cette époque elle a le droit

(1) Certains auteurs exigent que le tiers offre non seulement la somme, mais aussi le remploi. Cette exigence paraît peu fondée, car le tiers n'a pas qualité pour faire le remploi.

de renoncer à la garantie matrimoniale qui résulte pour elle de la clause de remploi, elle peut valablement soit ratifier complètement l'aliénation, malgré l'absence, l'insuffisance ou la nullité du remploi, soit renoncer à l'action en nullité, qui tend à la reprise de l'immeuble, pour s'en tenir à l'action mobilière qui n'exige qu'un second paiement. — Le tiers acquéreur condamné, soit à restituer l'immeuble, soit à faire un second paiement, ne sera généralement pas dépourvu de tout recours. Outre les répétitions qu'il peut exercer, outre l'action en garantie qu'il peut puiser, soit contre le mari, soit contre la femme, dans les clauses de l'acte d'acquisition ou dans les circonstances qui l'ont accompagné, il semble qu'il peut demander au mari réparation du préjudice que celui-ci lui a causé, si c'est par sa faute que n'a pas été effectué le remploi.

Il faut toutefois reconnaître que ce droit de recours qui appartient au tiers acquéreur évincé, sera la plupart du temps illusoire : car, si la femme se décide à l'inquiéter, c'est que, personnellement, elle n'a pu elle-même effectuer une reprise intégrale de ses apports, à raison même de l'insolvabilité de son mari.

CHAPITRE VIII

DE LA STIPULATION DE REPRISE D'APPORT FRANC ET QUITTE

SECTION I

But de cette stipulation

La clause de reprise d'apport franc et quitte est une stipulation de communauté, mais à laquelle on peut donner une signification dotale, qui la rend alors équivalente à une stipulation d'indisponibilité partielle. Quelle que soit du reste la forme sous laquelle elle apparaisse, c'est toujours une convention propre à la femme, car même comme convention de communauté, elle constitue déjà un privilège qui ne saurait être valablement étendu au mari.

Lorsqu'à la dissolution de la société conjugale, la femme se trouve en présence d'une communauté insolvable, elle a le droit de se soustraire, par une renonciation, à l'obligation de payer sa part dans les dettes. Mais, en revanche, par cette renonciation, elle perd tout droit sur l'actif de cette même communauté, et doit faire le sacrifice de tout ce qu'elle y a apporté. La stipulation de reprise d'apport franc et quitte a pour but de conjurer ce fâcheux résultat : elle permet à la femme renonçante de reprendre tous les biens qu'elle a mis en communauté, sans avoir à contribuer au paiement du passif, et sauf à déduire cependant les dettes à elle personnelles qui sont tombées dans la communauté, comme conséquence de son apport, et que la communauté aurait acquittées ; en un mot, elle met la femme dans une situation toute privilégiée et tout exceptionnelle, qui est celle-ci : si la communauté est bonne, par une acceptation, la femme acquiert la moitié des bénéfices ; et si elle est mauvaise, la femme trouve, dans la renonciation, le moyen de reprendre son apport, sans avoir à s'inquiéter des dettes. Elle devient ainsi, grave dérogation au principe de l'article 1855-2°, associée pour le profit, sans l'être en quoi que ce soit pour la perte.

D'après le témoignage des jurisconsultes de l'ancien droit, notamment de COQUILLE, LEBRUN, RENUSSON, POTHIER, FERRIÈRE (1), cette clause était d'un usage fréquent dans les pays de droit coutumier, principalement à Paris. On la trouve, dit M. GAUTHIER, dans presque tous les contrats de mariage et la routine des praticiens est si forte qu'on la voit même stipulée pour la reprise des propres immobiliers (ce qui est absolument inutile, article 1473, et vicieux, article 1404), ou pour le cas où la femme accepterait la communauté (ce qui est contradictoire, article 1514, et nul, article 1482). La formule qui l'enveloppe n'est pas toujours la

(1) COQUILLE, *Coutumes du Nivernais* sur l'article 14 ; — LEBRUN, *Traité de la Communauté*, livre III, chapitre II, section 2, distique 5 ; — RENUSSON, *Traité de la Communauté*, 1re partie, chapitre IV, nos 74 et suiv., et *Traités des propres*, chapitre IX, nos 1 et 2 ; — POTHIER, *Coutume d'Orléans* et *Traité de la Communauté*, n° 379 ; — FERRIÈRE, *Coutume de Paris*, article 237.

même, et l'on rencontre plusieurs variantes qu'il importe de connaître pour les discussions qui vont suivre. La formule type est celle-ci : « La femme reprendra tout ou partie de ses apports francs et quittes des dettes de communauté. » A cette formule on fait souvent l'une des additions suivantes : «.... alors même qu'elle s'y serait obligée ou y aurait été condamnée, » ou bien : « .... alors même qu'elle s'y serait obligée ou y aurait été condamnée, auquel cas elle en serait indemnisée sur les biens de la communauté et sur ceux du mari.... », ou enfin cette autre : «.... par privilège et préférence à tous créanciers de la communauté. »

Le but de cette stipulation, on l'a vu, est de permettre à la femme de retirer sa mise en communauté. Mais il faut reconnaître qu'en pratique, le jeu combiné des principes du régime de la communauté dénaturera souvent le résultat. Considérée exclusivement comme une convention de communauté, la clause de reprise d'apport franc et quitte n'est jamais qu'une stipulation entre époux qui n'établit pas la séparation des dettes vis-à-vis des tiers. Il en résulte alors ceci : Toutes les fois que son apport en communauté ne se retrouvera pas en nature, lors de la dissolution de l'association conjugale, ce qui arrivera généralement, la femme en fera la reprise en deniers. Mais sa créance de reprise ne sera jamais garantie que par son hypothèque légale qui ne peut porter que sur des immeubles ; et sur toute la masse mobilière, tant du mari que de la communauté, elle devra subir le concours des créanciers du mari comme celui des créanciers de la communauté, et pourra n'obtenir, dans la contribution, qu'un simple dividende. De plus, par sa renonciation, la femme devient bien étrangère aux dettes de la communauté, mais elle en reste tenue, non seulement sur la part qu'elle retire de la communauté, mais encore sur tous ses biens, vis-à-vis des créanciers envers lesquels elle s'est personnellement obligée. Poursuivie et condamnée sur leurs diligences, elle pourra demander à son mari le remboursement intégral de ce qu'elle aura ainsi payé en son acquit ; mais, on ne peut se le dissimuler, l'insolvabilité de celui-ci rendra souvent ce recours illusoire ; et finalement, la femme pourra voir son patrimoine personnel entamé par le paiement forcé de dettes contractées dans l'intérêt de la communauté, ou même pour le profit exclusif du mari.

On s'est ému de la véritable situation ainsi faite à la femme ; et pour lui assurer d'une façon plus efficace la reprise intégrale de son apport, d'une part ; et, ensuite son intacte conservation, d'autre part, on a essayé de fortifier la stipulation de reprise d'apport franc et quitte. Pour cela, on a pensé à la rendre opposable aux tiers, à en faire une stipulation dotale. Cette fois encore, l'idée de la combinaison est venue de Normandie. Sous la coutume normande, articles 538 et 539, non seulement la femme ne pouvait aliéner ses biens sans un remploi efficace, mais elle ne pouvait ni les hypothéquer, ni les engager ; et il en résultait que toujours elle retirait intégralement sa dot. Après la promulgation du Code civil, l'esprit et le caractère traditionnels de ce pays furent tels, que les parties cherchèrent à se rapprocher de leur ancienne coutume, ou bien ils en reproduisaient, autant que possible, les dispositions par des stipulations spéciales, ou bien ils interprétaient les clauses ordinaires prévues par le Code, selon les règles de leur ancien droit. Les efforts des praticiens tendirent alors vers un double but : protéger la femme, d'abord contre les créanciers du mari, en garantissant d'un privilège sa créance de reprise exercée sur des meubles ; et ensuite contre ses créanciers personnels, en déclarant son apport en communauté insaisissable pour toute dette de communauté.

Cette seconde tentative se rapporte seule à notre sujet et devrait, à la rigueur, être seule retenue. Pourtant, avant d'en entreprendre la discussion au point de vue de sa validité, de sa teneur et de ses effets, il nous paraît impossible, pour être complet, de ne pas présenter auparavant quelques observations, très brèves, du reste, sur la première d'entre elles.

Deux mots, au surplus, suffisent pour la condamner : c'est qu'en effet, il n'y a de privilèges que ceux établis par la loi, et qu'on ne peut en créer par convention. A défaut d'un texte précis, on ne peut donc attribuer à la clause ordinaire de reprise d'apport l'effet de garantir la créance de reprise par un droit de préférence ; et on ne saurait non plus le lui faire produire par une déclaration formelle. Une stipulation ainsi conçue : « En cas de renonciation, la femme reprendra son apport franc et quitte de toutes dettes par privilège (ou par préférence) aux créanciers de la communauté, » devrait, par suite, être considérée comme nulle et non avenue. C'est en ce sens qu'est fixée depuis longtemps la jurisprudence, après divers tâtonnements et quelques divergences. Ainsi, la Cour de Metz décida, dans un arrêt du 14 juin 1855 (*D.* 55-2-279), que la femme renonçante exerçait ses reprises à titre de créancière privilégiée, et qu'il en était surtout ainsi quand elle avait stipulé une clause de reprise d'apport franc et quitte. Il résulte, au contraire, d'un ensemble d'arrêts, que les Cours d'Amiens (1) et de Paris (2) regardaient la femme exerçant ses reprises comme simple créancière, mais considéraient la clause de reprise d'apport franc et quitte comme créant un privilège à son profit. — Pour la Cour de Cassation, la femme exerçait ses reprises avant les créanciers du mari, parce qu'elle les exerçait comme propriétaire, et conséquemment par préférence. Aussi, après l'avoir vue revenir de cette première erreur dans un arrêt solennel du 16 janvier 1858, la vit-on, quelque temps après, condamner sa première jurisprudence, et décider, dans un arrêt de cassation du 23 août 1859

---

(1) Voir Amiens, 8 mars 1851 (*D.* 51-2-75), et 9 janvier 1855 (*D.* 55-5-82).

(2) Voir Paris, 4 août 1855, 23 août 1855, 23 février 1856 (*S.* 55-2-464).

(*S*. 60-1-39 et *D*. 59-1-350), que la femme, qui a même stipulé une clause de reprise d'apport franc et quitte, ne peut, en l'absence d'un texte formel qui lui attribue au regard des créanciers de son mari un privilège, que venir par contribution, et concurremment avec les dits créanciers sur le prix des biens meubles du mari et de communauté. A partir de ce moment, la Cour suprême fut, sur ce point, en corcordance d'opinion avec la majorité des Cours d'appel : Dijon, 3 avril 1855 (*S*. 55-2-209) ; Lyon, 25 juillet 1856 (*S*. 56-2-593) ; Amiens, 5 mars 1857 (*D*. 59-1-351) ; Rouen, 17 juin 1869 (*S*. 71-2-174) ; Agen, 23 février 1881 (*S*. 81-2-149). L'idée d'attribuer à la femme, par une clause de reprise d'apport franc et quitte, un droit de préférence sur les meubles du mari avait vécu. Apparue en 1854, elle était à jamais condamnée en 1859.

La seconde tentative, on va le voir, fut au contraire plus heureuse et de plus longue longévité. Ce n'est pourtant pas qu'on ait négligé d'en contester la validité.

SECTION II

Validité de la combinaison du régime de la communauté avec une convention de reprise d'apport franc et quitte stipulée dotale

La clause de reprise d'apport franc et quitte, envisagée comme stipulation dotale, est valable, en vertu du principe de liberté écrit dans l'article 1387. Elle ne contient rien de contraire à l'ordre public, car elle se réduit à une clause d'indisponibilité frappant une partie des biens de la femme, et emportant, comme conséquence, l'inefficacité sur ces dits biens des obligations qu'elle a contractées; elle est licite, puisqu'en principe elle est de droit sous le régime dotal ; elle peut enfin être valablement annexée à un régime de communauté, puisqu'on peut combiner ce régime avec un emprunt fait au régime dotal, et frapper d'inaliénabilité la masse mobilière que la femme est appelée à retirer de la communauté lors de la dissolution de la société conjugale (1).

Néanmoins, il a été fait, relativement à ce dernier mode de combinaison, et contre le principe même de sa validité, des critiques qu'il importe de connaître. Ainsi, on a tout d'abord prétendu : que cette stipulation créait un privilège conventionnel ; qu'elle s'appliquait indûment à des meubles (BAUDRY-LACANTINERIE, tome III, n° 297); qu'elle équivalait à une stipulation d'inaliénabilité sans régime dotal (MARCADÉ, voir *supra*, page 50 et s.). Mais, outre ces généralités déjà connues et déjà réfutées, il est deux objections plus spéciales qui méritent d'être discutées : elles émanent de MM. COLMET DE SANTERRE, et Paul PONT.

COLMET DE SANTERRE formule son opinion en termes si laconiques, qu'il serait impossible d'en supprimer un mot :

---

(1) Voir *supra*, page 88.

« La disposition finale de l'article 1514 : « dans « tous les cas, les apports ne peuvent être repris que « déduction faite des dettes personnelles à la femme, « et que la communauté aurait acquittées, » doit « être appliquée, dit-il, (*Droit civil,* tome VI, « page 404, n° 181 bis, IV), nonobstant toute conven- « tion contraire; car la clause de reprise d'apport « est elle-même une dérogation aux règles des « sociétés et par conséquent cette clause ne doit pas « dépasser les limites que la loi lui a assignées. »

On pourrait tout d'abord répondre par une fin de non recevoir. Sans doute, l'article 1514 constitue déjà par lui-même une dérogation au droit commun des sociétés. Mais la communauté n'est pas une société ordinaire, si elle en est une ; et pour savoir si la clause étudiée est licite, il ne faut pas l'examiner d'après les principes des sociétés, mais regarder si elle est valable comme convention matrimoniale. — Mais il est une réfutation qui semble plus péremptoire; c'est que l'objection formulée ne porte pas dans l'espèce. La clause de reprise d'apport franc et quitte stipulée dotale a pour but exclusif d'exonérer la femme du paiement des dettes qu'elle a contractées dans l'intérêt de la communauté, et ne la soustrait nullement à l'exécution de ses obligations personnelles, dont parle l'article 1514. Car, par dettes personnelles, il ne faut pas entendre toute dette contractée par la femme, et pour laquelle elle est par suite tenue personnellement ; mais seulement les dettes qui grevaient son apport et qui sont tombées dans la communauté, sauf récompense, comme conséquence de cet apport. Celle-là, il est bon de le préciser, la femme est toujours tenue de les supporter, même sur ses reprises stipulées indisponibles. La femme qui retire de la communauté son apport actif, doit en effet décharger cette même communauté de l'apport passif correspondant ; sinon elle reprendrait dans la communauté plus qu'elle n'y a mis, ce qui serait tout à la fois illogique et injuste.

Paul Pont part d'un autre principe. Pour lui, (*Revue critique*, année 1856, page 536) permettre de dotaliser la clause de reprise d'apport franc et quitte, c'est autoriser la stipulation d'un régime matrimonial sous condition purement potestative. La femme y serait commune en biens ou dotale suivant qu'il lui plairait d'accepter la communauté ou d'y renoncer. Il y a là, dit-il, une communauté de biens ou une dotalité conditionnellement stipulée, car la femme dit : « Si je renonce, j'agirai contre les tiers comme femme dotale. »

Cette argumentation n'est pas sans erreur. Ce qui est soumis à une condition potestative en effet, ce n'est pas le régime matrimonial des époux ; — ce régime est et sera toujours le régime de la communauté, — mais seulement la situation d'acceptante ou de renonçante que prendra la femme à la dissolution de la société conjugale. Or, ce droit d'option, c'est la loi qui le lui donne. De plus, le fait de stipuler la garantie, résultant d'une convention d'indisponibilité partielle, ne vaut jamais adoption du régime dotal. En réalité, ce n'est pas entre deux régimes que la femme est appelée à choisir, mais simplement entre l'acceptation et la renonciation de la communauté. Et la seule question qui pourrait se poser serait celle de savoir si la femme commune peut, pour le cas d'une renonciation éventuelle, attacher à cette renonciation des effets plus étendus que ceux qui en découlent de plein droit, et assurer, pour cette hypothèse déterminée, le recouvrement de sa dot par la stipulation de quelques garanties spéciales. Or, sur ce point, l'affirmative ne peut faire de doute, puisque c'est la loi elle-même qui conseille à la femme de fortifier les droits que lui fait acquérir sa renonciation à la communauté, par la stipulation d'une clause de préciput ou d'une clause de reprise d'apport franc et quitte. On ne saurait enfin faire état de la situation dangereuse créée aux tiers, car il est de la nature du régime de la communauté, que leurs droits, même acquis, soient modifiés et parfois restreints par le parti pris par la femme à la dissolution de la société conjugale ; et au surplus, ils ont dû être avertis de cette éventualité par la stipulation claire et précise que doit contenir à ce sujet le contrat de mariage.

Si l'on consulte, du reste, les recueils de jurisprudence, ce n'est pas sur la question même de la validité de cette combinaison (question qui paraît n'avoir jamais été bien douteuse (1) que se sont

---

(1) Arrêt de la Cour de Cassation du 29 janvier 1866 (*S.* 66-1-141 et *D.* 66-1-276) :

« Attendu que notamment, en stipulant que la femme renon-

réellement portées les contestations des intéressés ; mais sur cette autre que révèle précisément l'intérêt des tiers, et qui est celle-ci : Quand cette convention de reprise d'apport franc et quitte, qui de sa nature est une convention entre époux, sera-t-elle opposable aux tiers ?

SECTION III

De la condition nécessaire à toute convention de reprise d'apport franc et quitte pour valoir comme convention dotale

Ici encore, comme pour la stipulation de remploi, la logique des principes nous dit qu'une clause de reprise d'apport franc et quitte ne peut être de plein droit opposable aux tiers. C'est une stipulation qui, par nature, est une convention de communauté, n'ayant d'effet qu'entre époux ; et pour lui imprimer un caractère de dotalité, pour lui donner une portée qui déroge au régime stipulé par les époux comme au sens traditionnel que lui ont assigné la loi et l'usage, pour lui faire produire enfin des effets anormaux, exorbitants même qui viennent contredire des droits légitimement acquis, et réduire l'étendue du droit de gage que tout débiteur offre à ses créanciers, il faut nécessairement une stipulation conçue en termes si clairs et si précis, qu'elle rende

---

çante pourra reprendre ses apports francs et quittes de toutes dettes, alors même qu'elle s'y serait obligée ou condamnée, ils peuvent déclarer que cette clause sera opposable aux tiers envers lesquels la femme se serait solidairement obligée avec son mari... »

manifestement évidente la volonté des conjoints qui la font, et ne puisse être susceptible de laisser un doute dans l'esprit de ceux qui auront à en souffrir. De telle sorte que la difficulté qui reste à résoudre consiste à déterminer le moment où cette convention revêtira le degré de clarté qu'exige la loi. Pour cela, on ne saurait mieux faire, ce me semble, que de reprendre et d'examiner les diverses formules, déjà connues du reste, dans lesquelles les praticiens l'enveloppent.

La première d'entre elles, la plus simple aussi : « La femme reprendra tout ou partie de ses apports francs et quittes des dettes de la communauté, » ne peut soulever de difficultés. Reproduction même de l'article 1514, elle ne peut s'appliquer qu'aux rapports des époux entre eux. — De même, s'il est stipulé en outre que la reprise se fera par privilège ou par préférence aux créanciers de la communauté. Cette disposition additionnelle, qui s'expliquait autrefois par référence à l'ancienne jurisprudence de la Cour de Cassation, serait aujourd'hui, on l'a vu, nulle et non avenue.

Si la clause de reprise d'apport est encore ainsi rédigée : « La femme reprendra tout ou partie de ses apports francs et quittes des dettes de la communauté, alors même qu'elle s'y serait obligée ou y aurait été condamnée, auquel cas elle en serait indemnisée sur les biens de la communauté et sur ceux du mari, » pas de doute possible. Le seul fait par la femme de stipuler un recours contre son mari, prouve péremptoirement qu'elle se reconnaît débitrice vis-à-vis des créanciers de la communauté qui pourraient la poursuivre. Et l'on peut même, en généralisant, poser ceci comme principe : toutes les fois qu'on trouve dans la clause de reprise d'apport la réserve d'un recours à exercer contre le mari, la clause n'est pas opposable aux tiers ; elle est strictement circonscrite dans les rapports des époux contre eux.

Mais que décider si cette réserve, faisant défaut, la clause de reprise d'apport est rédigée comme suit : « La femme reprendra tout ou partie de ses apports francs et quittes de toutes dettes de la communauté, alors même qu'elle s'y serait obligée ou y aurait été condamnée ? » Si l'on compare cette formule à la précédente, dit M. Ollivier *(Revue pratique,* année 1857, ou tome III, page 529), on est convaincu que la femme qui a fait pareille stipulation a voulu se protéger non seulement contre son mari, mais aussi contre les tiers. Dans celle-là on trouve une stipulation de reprise et une stipulation de recours; dans celle-ci seulement une stipulation de reprise. L'intention de leurs auteurs respectifs n'a donc pas été la même ; et l'on ne peut, sans méconnaître leur volonté, attribuer à l'une et à l'autre stipulation les mêmes conséquences. — Pour Laurent aussi, la clause est évidemment dirigée contre les tiers, bien qu'elle ne les mentionne pas. Si la femme n'avait voulu, dit-il, en d'autres termes *(Principes de droit civil,* tome XXIII, n° 338), se garantir que contre son mari, elle n'aurait pas inséré dans son contrat cette convention spéciale, puisqu'il est de droit que la femme renonçante est à l'égard de son mari déchargée des dettes de communauté, même par elle contractées. Et ne pas appliquer la clause aux tiers, c'est la rendre inutile, l'effacer du contrat.

Malgré ces raisons, il semble plus sage de continuer à regarder la clause de reprise, même ainsi rédigée, comme une convention entre époux. Une interprétation par *a contrario*, un argument d'inutilité ne suffisent pas pour remplacer la déclaration expresse qu'exige la loi pour toute stipulation dotale ; et cette addition à la formule ordinaire : « encore qu'elle s'y fût obligée ou condamnée, » n'autorise pas l'interprète à déclarer dotale la convention prise dans son ensemble. Il est très possible que cette disposition complémentaire ait été ajoutée pour mieux faire ressortir l'idée que la femme serait autorisée non seulement à reprendre son apport sans être tenue des dettes de communauté contractées par le mari seul, mais même à réclamer de ce dernier une indemnité pour celles de ces dettes auxquelles elle se trouverait personnellement obligée. A supposer même qu'elle fût surabondante, ce ne serait pas une raison pour l'interpréter au détriment des tiers qui ont compté sur un régime de communauté.

« Rien ne serait plus dangereux en matière de « contrat de mariage, disent Aubry et Rau (tome V, « page 525, note 11), qu'un système d'interprétation « suivant lequel il faudrait nécessairement étendre « la portée de clauses souvent rédigées d'une manière « peu intelligente, par cela seul qu'elles seraient sans

« objet, si on ne devait les considérer que comme « renfermant la reproduction ou l'explication des « dispositions de la loi. »

Il est, de plus, une autre raison qui empêche de dénaturer le sens naturel de la convention de la reprise d'apport, et qui interdit de la considérer comme dotale quand elle est stipulée en cette formule par une femme commune. C'est que cette formule, qu'aujourd'hui l'on trouve bizarre et inutile, avait autrefois son explication, si l'on consulte les auteurs de l'ancien droit. A la longue, en effet, on avait fini par admettre la femme renonçante à reprendre son apport en communauté ; mais quand elle s'était obligée personnellement, on refusait de la décharger de son obligation aux dettes, car, si son consentement avait pu être arraché, il avait pu aussi être librement donné ; et c'est alors, pour préciser et éviter toute discussion ultérieure, que l'on ajoutait à la clause ordinaire cet appendice : « Encore qu'elle s'y fût obligée ou y ait été condamnée. » Sans doute cette disposition est aujourd'hui inutile en présence de l'article 1514 ; mais les praticiens ne voulant, même après la promulgation du Code civil, rien changer à leurs habitudes, continuèrent à la copier bêtement dans leur formulaire. Elle s'est ainsi conservée par routine ; et quand on la retrouve dans un contrat de mariage, il serait illogique, à défaut d'une indication précise, de lui attribuer une signification contraire à celle que lui a imposée la tradition. Un arrêt de la Cour de Bordeaux, en date du 19 février 1857

(*S.* 57-2-673), résume très bien cette discussion, dont AUBRY et RAU, tome V, page 524, note 11 ; GAUTHIER, Note sous Bordeaux, 19 février 1857, et Paul PONT, *Revue critique*, année 1856, page 526, approuvent la conclusion.

« La Cour :

« Attendu que l'appelante prétend trouver dans « cette clause (clause de reprise d'apport franc et « quitte), non seulement une dérogation aux règles « générales de la communauté, mais encore une « sorte de soumission partielle au régime dotal, « laquelle aurait affecté son immeuble d'inaliéna- « bilité, dans l'hypothèse réalisée au procès de « renonciation à la communauté ;

« Attendu qu'en supposant que le régime de la « communauté légale étant adopté par un contrat de « mariage, on puisse valablement y introduire des « pactes hostiles à l'essence de ce régime, il faudrait « au moins que la dérogation fût clairement « exprimée, de manière que les tiers qui traitent « avec les époux ne puissent devenir victimes d'une « équivoque ;

« Attendu que la clause dont il s'agit peut recevoir « son application sans que les immeubles soient « frappés d'inaliénabilité dotale ; qu'elle peut s'ap- « pliquer au simple recours de la femme contre « son mari, même pour le cas où elle se serait « engagée solidairement avec lui ; qu'il est alors « conforme à l'article 1161 d'adopter cette inter- « prétation qui laisse à la clause de soumission « au régime de communauté la force que lui enlè-

« verait presque complètement une interprétation « contraire ;

« Attendu que cette clause constituerait la dotalité « la plus absolue et que l'on ne peut concevoir que « si telle eût été la volonté des époux, ils n'eussent « pas déclaré se soumettre au régime dotal, au lieu « d'adopter, comme ils l'ont fait, d'une manière « formelle, le régime de la communauté ; qu'ils « n'ont même pas exprimé que la clause de franc et « quitte s'exercerait vis-à-vis des créanciers contre « lesquels la femme aurait parlé ;

« Attendu qu'anciennement, dans les pays de « communauté, cette clause ne nuisait nullement « aux tiers, et ne donnait à la femme qu'un recours « contre son mari ; que dans l'Angoumois, pays de « communauté, où le contrat dont il s'agit a été « passé, l'intention des parties n'a pu être, en « insérant cette formule locale, que de lui conserver « le sens incontesté et notoire qui y était attaché ;

« Attendu que cette clause s'est maintenue, depuis « la promulgation du Code, dans les habitudes et « le style du notariat, sans qu'on ait entendu y « attacher une autre signification, et qu'on ne « saurait faire abstraction de son sens traditionnel ;

« Attendu que l'on ne saurait s'arrêter à cette « objection que la stipulation dont il s'agit aurait « été sans utilité entendue dans le sens contraire à « la dotalité, puisqu'elle ne serait que la repro- « duction de l'article 1494 ;

« Attendu que l'habitude de reproduire dans les « contrats des stipulations textuellement écrites

« dans la loi est trop commune pour qu'une telle « considération puisse avoir quelque influence sur « la solution du procès ; que dans ce même contrat, « l'article 2 stipulant que les dettes de chaque « époux seraient exclues de la communauté n'est « qu'un développement surabondant, puisque cette « exclusion résultait de plein droit de la seule « stipulation de communauté réduite aux acquêts ;

« Attendu qu'il est donc plus naturel et juridique « de voir dans la clause qui donne lieu au litige une « énonciation explicative, quoique surabondante, « que de la considérer comme en contradiction avec « la volonté dominante exprimée de se soumettre au « régime de la communauté ;

« Attendu que de ce qui précède il résulte que « l'intention des parties n'a point été de soumettre « les immeubles de l'épouse Mercadier au régime « dotal ; que la clause dont il s'agit n'est donc autre « que la disposition de l'article 1494 ;

« Attendu que, par conséquent, l'épouse Mercadier « est tenue de remplir l'obligation solidaire qu'elle a « prise avec son mari, et ce, tant sur ses immeubles « que sur ses meubles, sauf son recours contre son « mari ;

« Par ces motifs,

« Dit l'épouse Mercadier mal fondée dans ses « conclusions. »

Après quelques hésitations, la jurisprudence s'est du reste fixée en ce sens. L'interprétation de ces clauses de reprise d'apport franc et quitte fut en effet soumise aux tribunaux, et si l'on en juge par le grand nombre de décisions que l'on trouve dans les recueils d'arrêts, elle dût l'être souvent ; ce qui montre bien, comme il est nécessaire dans la pratique de se montrer sévère dans l'appréciation de ces sortes de clauses, puisqu'il est, en trop grand nombre malheureusement, des gens assez peu scrupuleux pour chercher à profiter, dans un moment d'infortune, de l'ambiguïté d'une clause, et pour essayer de se soustraire à l'exécution de leurs engagements en opposant à leurs créanciers une convention qu'ils n'avaient pas, au moment de leur mariage, considérée comme dotale. Le litige s'est présenté sous deux formes différentes, mais toujours avec la même cause et le même objet. Ou bien la femme s'oppose à la saisie pratiquée sur ses biens par des créanciers de la communauté non payés, prétendant ses dits biens insaisissables ; ou bien elle conteste à ceux qu'elle a subrogés dans son hypothèque légale, le droit de venir exercer leurs droits en son lieu et place, la subrogation qu'elle a consentie étant nulle et non avenue, quand elle vient à l'encontre de ses reprises dotales. Si l'on examine les diverses solutions rendues, on constate un fait analogue à celui qui a été noté, relativement à la clause de remploi : la Cour de Cassation et les Cours d'appel sont en conflit. Mais à l'inverse de ce qui s'est passé pour l'hypothèse précédente, c'est cette fois la Cour suprême qui, suivant la Cour de Caen, s'est prononcée pour la dotalité ; et ce sont les Cours d'appel qui ont protesté contre l'innovation. Toutes les Cours d'appel sans exception (la Cour normande étant mise à part), qu'elles appartiennent à des pays de communauté ou à des pays de droit écrit, Bordeaux, 19 février 1857 et 21 décembre 1857 (*S.* 57-2-675 et *S.* 58-2-322) ; Nancy, 10 décembre 1857 (*S.* 58-2-314) ; Paris, 21 janvier 1858 (*S.* 58-2-314 ; Limoges, 4 mars 1858 (*S.* 58-2-379) ; Riom, 31 mai 1858 et 24 juillet 1886 (*S.* 58-2-579 et *D.* 87-2-252) ; Douai, 28 novembre 1860 (*D. Jurisp. gén.*, supplément, tome IV, page 184), décident en effet que la clause de reprise d'apport n'est qu'une convention entre époux, et leur décision est d'autant plus contraire à la jurisprudence de la Cour suprême, que dans les espèces qu'elles ont eu à résoudre, la clause de reprise d'apport y est généralement d'autant plus inutile qu'elle y est stipulée par une femme mariée sous le régime de la communauté d'acquêts. La Cour de Cassation avait, en effet, par deux arrêts de rejet rendus, le premier, le 7 février 1855 en Chambre civile, et le second, le 16 avril 1856 en Chambre des requêtes (*S.* 55-1-580 et *D.* 56-1-298), approuvé la doctrine préconisée par la Cour de Caen dans ses arrêts des 16 juillet 1824, 3 juillet 1838, 11 juillet 1840, 4 juin 1844, 7 décembre 1852 (*Recueil des arrêts de Caen*, tome II, page 244 ; tome XII, pages 559-561 et tome XVII, page 33), et 31 juillet 1855 (*D.* 56-1-298), et déclaré à son tour voir dans la clause ordinaire de reprise d'apport franc et quitte une stipulation dotale d'indisponibilité partielle. Mais l'opposition systématique des juridictions provinciales la fit réfléchir ;

et en 1858 (1), par quatre arrêts successifs, rendus les 14 et 15 décembre, elle revint sur sa propre jurisprudence. On peut dire qu'il y a eu, de sa part, une évolution complète, car si dans les trois premiers arrêts (sur Paris, 26 juin 1858, affaire Gaudermen ; sur Nancy, 10 décembre 1857, affaire Laporte ; sur Dijon, 6 août 1857, affaire Poincelain) elle précise sa jurisprudence antérieure sans la condamner, en statuant que la stipulation subsidiaire par la femme d'un recours en indemnité contre son mari enlève à la convention principale tout caractère dotal ; elle la contredit nettement dans le quatrième arrêt (sur Limoges, 4 mars 1858, affaire Létang), où elle statue sur une espèce identique à celle qui avait fait l'objet des arrêts de 1855 et 1856. Depuis lors, la Cour de Cassation ne fit que confirmer sa jurisprudence de 1858 dans les arrêts de rejet rendus les 13 août 1860 (*S.* 61-1-154; *D.* 61-1-263) ; 29 janvier 1866 (*S.* 66-1-141 ; *D.* 66-1-276) ; 14 juillet 1879 (*S.* 80-1-448; *D.* 80-1-328), et la Cour de Caen s'y rangea elle-même le 12 juin 1878 (*S.* 78-2-251).

On peut donc dire aujourd'hui qu'il est admis

---

(1) Il est curieux de remarquer que c'est en cette même année 1858, que la Cour de Cassation revenant sur ses précédentes jurisprudences, décida d'une façon qui fut dès lors définitive : que la clause de reprise d'apport franc et quitte n'équivalait pas à une convention de dotalité (arrêt du 14 décembre 1858) ; que la clause de remploi ne rendait pas inaliénables et insaisissables les biens qui en faisaient l'objet (arrêt solennel du 8 juin 1858), et que la femme commune n'exerçait pas ses reprises à titre de propriétaire, mais comme simple créancière (arrêt solennel du 16 janvier 1858 (*S.* 58-1-9).

d'une façon constante, tant par la doctrine que par la jurisprudence :

« Que la clause de reprise d'apport franc et quitte, qui est par nature une convention de communauté, ne peut, dans la rédaction qui, jusqu'à présent, lui a été supposée, équivaloir à une convention de dotalité ;

« Qu'ainsi formulée, elle n'exprime pas d'une façon assez évidente l'intention des époux de lui donner une signification contraire à celle que l'origine et la tradition lui ont naturellement attribuée ;

« Que pour lui donner exceptionnellement une signification dotale, il faut, à raison de la faculté exorbitante accordée à la femme, une déclaration très nette et très précise qui ne puisse laisser de doute dans l'esprit des tiers, et qui se refuse à toute autre interprétation. »

En résumé, la clause de reprise d'apport franc et quitte peut être valablement dotalisée et rendue opposable aux tiers ; mais, à raison des effets qu'elle est alors appelée à produire, il faut une stipulation très formelle.

Il en serait ainsi notamment, s'il était dit : « La femme, en cas de renonciation à la communauté, reprendra, à l'encontre des tiers, tout ou partie de ses apports francs et quittes de toutes dettes de communauté ; — ou bien : en cas de renonciation à la communauté, la femme reprendra ses apports francs et quittes des dettes de communauté, même au préjudice des créanciers envers lesquels elle s'est obligée ; — ou bien encore : en cas de renonciation à la communauté, la femme reprendra, à l'exclusion de tous autres créanciers de la communauté, son apport franc et quitte de toutes dettes, alors même qu'elle s'y serait obligée ou y aurait été condamnée. » Dans ces différentes clauses, la volonté des parties est précise, manifestement exprimée ; et il y est certain qu'elles ont voulu, tout en se mariant sous le régime de la communauté, faire au régime dotal un emprunt, dont il reste à déterminer les conséquences.

SECTION IV

Effets d'une convention de reprise d'apport franc et quitte stipulée dotale par une femme mariée sous le régime de la communauté

§ I. — *Cette convention équivaut à une stipulation d'insaisissabilité conditionnelle et relative*

Pour préciser l'étendue de l'emprunt fait au régime dotal par les époux communs en biens qui insèrent pareille clause dans leur contrat de mariage, il faut rechercher l'intention des parties et s'y conformer strictement. En stipulant une clause de reprise d'apport franc et quitte, la femme a entendu se réserver, en cas de renonciation, le droit de reprendre sa mise en communauté ; et de plus, en rendant cette même convention matrimoniale opposable aux tiers, elle a voulu que cette mise en communauté ne puisse être, après avoir été retirée, entamée par le paiement des dettes de communauté, qu'elle ne doit pas supporter ; et par là, elle a montré manifestement son intention de mettre ces dits biens à l'abri de toute poursuite de la part des créanciers de la communauté, envers lesquels elle se serait obligée. La clause de reprise d'apport franc et quitte, stipulée opposable aux tiers sous un régime de communauté, équivaut donc, pour les biens auxquels elle s'applique, à une stipulation dotale d'insaisissabilité. Il n'y a du reste pas de difficultés sur ce point. La doctrine et la jurisprudence sont d'accord pour lui attribuer cette portée : ainsi, Cassation, 7 février 1855 et 16 avril 1856 (*S.* 55-1-580 et *S.* 56-1-411) ; Bourges, 8 avril 1868 (*S.* 70-1-161) ; Cassation, 21 décembre 1869 (*S.* 70-1-161) ; Caen, 12 juin 1878 (*S.* 78-2-251) ; AUBRY et RAU, tome V, page 526 ; LAURENT, tome XXIII, n° 338 ; GUILLOUARD, tome III, n° 1606 ; BAUDRY, tome III, n° 297, et les quelques décisions judiciaires qui ont parlé d'inaliénabilité conditionnelle (Caen, 7 décembre 1852, *S.* 55-1-580) ou de dotalité (Nancy, 10 décembre 1857, *S.* 58-2-314 ; Bordeaux, 19 février 1857, *S.* 57-2-673), sont des opinions isolées, restées sans écho.

Cette stipulation dotale n'empêche pas les biens de la femme de tomber valablement dans la communauté, qui en devient dûment propriétaire avec un droit absolu de disposition. Si, à la dissolution de la société conjugale, ces biens existent encore, la femme les reprend en nature ; sinon elle en fait la reprise en deniers. Sa créance de reprise se trouve du reste garantie par son hypothèque légale, qu'elle peut exercer nonobstant les subrogations qu'elle aurait pu consentir à des créanciers de la communauté. Vis-à-vis d'eux, et pour cette reprise déterminée, les subrogations accordées doivent en effet être considérées comme non avenues ; car, si en exerçant les droits de la femme, et en diminuant d'autant son crédit hypothécaire, ces créanciers l'empêchaient d'exercer intégralement la reprise de sa mise en communauté, ils arriveraient indirectement à se faire payer sur cet apport, ce qui est impossible.

La clause de reprise d'apport franc et quitte, stipulée dotale (sinon elle n'a pas ici de raison d'être en présence des articles 1493 et 1498), peut s'appliquer aussi, pour les mêmes raisons et avec la même portée, aux biens mobiliers ou immobiliers que la femme s'est, par son contrat de mariage, réservés propres. Dans les deux cas, la femme, devant établir l'importance de son mobilier, non pas seulement vis-à-vis de son mari et des créanciers de celui-ci, mais aussi vis-à-vis de ses propres créanciers qui ont intérêt à faire diminuer la masse dotale, ne pourra, à défaut d'inventaire dressé par le mari pour le mobilier à elle échu pendant le mariage, user, par application de l'article 1504, de tous moyens de preuve, et notamment de la preuve par commune renommée, mais devra, pour mettre valablement le mobilier qu'elle retire de la communauté en dehors de l'action de ses créanciers, en établir la consistance par un inventaire, un état en bonne forme ou tout autre acte authentique (1).

Rappelons enfin que cette stipulation de reprise d'apport franc et quitte ne peut jamais être qu'une stipulation d'insaisissabilité conditionnelle et relative : conditionnelle, parce que, inconciliable avec une acceptation de la communauté, son existence est subordonnée à la renonciation que fera la femme à cette même communauté ; relative, parce qu'elle ne concerne que les créanciers de la communauté, et parmi ceux-ci n'est opposable qu'aux créanciers envers lesquels la femme s'est personnellement obligée.

Ces réserves faites, les particularités exceptionnelles signalées, on peut généraliser — car il est également licite pour une femme commune de frapper, sans condition, ses biens d'une insaisissabilité absolue — et rechercher quels sont les effets généraux que produit une clause d'insaisissabilité stipulée par une femme mariée sous un régime de communauté.

§ II. — *Des effets d'une convention d'insaisissabilité*

La femme conserve naturellement la faculté de s'obliger, à laquelle elle ne peut, on l'a vu, valablement renoncer ; et à supposer même que la clause d'insaisissabilité frappe tous ses biens présents et

(1) En ce sens, Angers, 26 mai 1869 (*S.* 70-2-85).

futurs, les engagements qu'elle contracte sont encore valables, par cela seul que légalement ils pourront être exécutés sur les biens que la femme acquerra après la dissolution du mariage. — Les biens frappés d'insaisissabilité ne sont pas dotaux. Ils ne sont pas non plus inaliénables et peuvent être vendus, sans que leur aliénation soit soumise à une condition de remploi. Toutefois, il serait douteux que leur aliénation soit définitivement valable, si elle a pour but d'employer les deniers en provenant à désintéresser des créanciers qui n'auraient pas pu exproprier la femme de ces dits biens. La Cour de Cassation semble (1) pourtant, par un arrêt de rejet du 21 décembre 1869 (*D.* 70-1-52), avoir admis le contraire dans une hypothèse où l'aliénation a été consentie à un créancier, et où le prix de vente a été compensé avec la dette de la venderesse. Mais, outre que cette aliénation permet à la femme de renoncer indirectement à la garantie dotale qu'elle a stipulée, ce qui est frauduleux, la compensation légale ne peut avoir lieu dans l'espèce, car la créance du vendeur n'est pas exigible, au sens strict du mot. La compensation qui a eu lieu est dès lors toute conventionnelle et équivaut à un paiement volontaire dont la validité sera ultérieurement examinée. — Pouvant aliéner, la femme conserve en principe la faculté d'hypothéquer; mais, en fait, seront nulles ou du moins inefficaces les hypothèques qu'elle

---

(1) Je dis « semble », car l'arrêt est un peu un arrêt d'espèce.

consentira à des créanciers sur des biens que ces mêmes créanciers ne peuvent saisir. Si cette constitution d'hypothèque est nulle, ce n'est pas qu'on ait négligé de la rattacher à une créance principale valable, condition indispensable pour toute chose accessoire, mais c'est que la femme ayant, par son contrat de mariage, refusé à ce bénéficiaire éventuel un droit de gage général sur le bien objet du contrat, ne peut pas valablement lui accorder plus tard par convention un droit de gage spécial sur ce même bien. Du reste, si ce créancier la poursuivait en justice et prenait contre elle un jugement de condamnation, l'hypothèque judiciaire qu'il obtiendrait ainsi ne pourrait jamais porter sur ce bien déclaré indisponible ; et ce qu'il ne peut obtenir par jugement, il ne peut l'acquérir par convention.

Les biens qui sont l'objet d'une stipulation dotale d'insaisissabilité sont donc seulement insaisissables, en ce sens que, par dérogation à l'article 2092, ils cessent d'être le gage des créanciers de celle à laquelle ils appartiennent. Ainsi formulé, ce principe, exact dans sa généralité, est encore trop absolu ; et il importe de distinguer selon la cause et la date du titre de créance. S'il s'agit en effet d'une obligation civile délictuelle ou quasi-délictuelle fondée sur les principes de la responsabilité civile, ou d'une obligation légale, il n'y a pas d'indisponibilité possible. La femme ne peut, par une convention privée, se soustraire au paiement des dettes que lui impose la loi ou qu'engendre un acte illicite ; et le tiers qui, malgré lui, se trouve son créancier, et qui n'a pas eu la faculté de prendre contre elle quelques garanties, ne peut voir ses poursuites arrêtées par une exception de dotalité. — L'insaisissabilité constituerait toutefois un empêchement à l'exécution des créances qu'un tiers peut acquérir contre la femme à raison d'un quasi-contrat, d'une gestion d'affaires, par exemple, entrepris dans son intérêt, fût-ce même relativement à des biens dotaux. Cette circonstance, favorable au créancier, corrige bien la nullité qui résulte de l'incapacité personnelle de la femme provenant du défaut d'autorisation maritale, mais n'est pas suffisante pour lever l'obstacle qui résulte de l'insaisissabilité dotale, et faire échec à ce principe que les biens dotaux ne peuvent être engagés que sur autorisation préalable de la justice (1).

Quant aux dettes contractuelles, auxquelles il faut alors assimiler toutes les dettes quasi-contractuelles (que les frais émanent de la femme ou d'un tiers), elles ne sont pas toutes privées d'exécution. Les créanciers antérieurs au mariage, et dont le titre a acquis date certaine avant la passation du contrat de mariage, ne peuvent, il est vrai, saisir les biens dotaux qui ont été constitués à la femme ; mais ils peuvent exercer leur droit de gage sur la toute propriété des biens que la femme s'est elle-même constitués. Du reste, si dans la stipulation dotale d'insaisissabilité qu'elle a faite, la femme n'a visé

(1) Voir en ce sens Aubry et Rau, tome V, page 614, note 31.

que des biens immobiliers ou des biens mobiliers individuellement déterminés, toutes les dettes mobilières qu'elle a contractées avant le mariage tombent pour la totalité dans la communauté ; et les créanciers, qui ne peuvent rien saisir dans le patrimoine de la femme, ont la faculté, si leur titre est certain, de réclamer à la communauté et au mari le paiement des sommes qui leur sont dues. Pour qu'ils soient dépourvus de tout moyen d'action, il faut que leur titre n'ait pas date certaine et que leur débitrice ait indisponibilisé tous ses apports présents et futurs. Si la première condition seule se réalise, ils peuvent se faire payer sur la nue propriété des biens disponibles de la femme.

Pour les dettes contractées par la femme pendant le mariage, l'insaisissabilité cesse tout d'abord : pour les dettes faisant partie d'une succession, relativement aux biens héréditaires qui en dépendent ; et pour les obligations contractées avec permission de justice, conformément aux articles 1555, 1556, 1558, relativement aux biens y affectés. Elle subsiste pour toutes les autres dettes ; mais rarement le créancier se trouvera sans action : ou les dettes ont été contractées avec l'autorisation du mari, et le créancier peut poursuivre en paiement et la communauté et le mari ; ou bien elles sont la suite d'un mandat exprès ou tacite donné à la femme par le mari, et les créanciers, n'ayant pas la femme pour obligée, ne peuvent souffrir de ses garanties dotales ; ou bien la dette a été contractée sans que la femme soit autorisée, et le créancier a un titre nul ou annulable ; ou enfin, la dette a été contractée sur l'autorisation de la justice suppléant l'autorisation maritale, et le créancier n'a alors en garantie que la nue propriété des biens disponibles de la femme.

Mais il peut se faire que ces différents principes soient mal observés, quelquefois même violés. Quelle en sera la sanction ?

La règle de l'insaisissabilité peut tout d'abord être méconnue par ceux-là mêmes qui l'ont stipulée. Le mari seul, ou la femme elle-même avec autorisation peuvent en effet payer volontairement un créancier. Ce paiement, qui généralement se fera en argent, sera valable s'il est fait avec des deniers provenant d'un bien disponible ; sinon, il sera nul. L'indisponibilité survit en effet à l'aliénation de l'immeuble qui en est frappé dans les deniers qui représentent le prix de vente de cet immeuble ; et la femme, ne pouvant engager ce bien, ne peut pas plus valablement donner en paiement l'argent qui en provient. Etant donnée la destination dotale qu'elle leur a attribuée, cet immeuble, cet argent ne sont pour ainsi dire pas la propriété de la femme, et celle-ci ne peut en disposer pour une fin prohibée par son contrat de mariage. Il y aurait là de sa part : ou une violation inconsciente de ses conventions matrimoniales, ou, si le paiement est fait en connaissance de cause, une renonciation frauduleuse aux garanties qu'elle a stipulées. L'une et l'autre choses étant nulles, la femme pourra toujours revenir sur l'acte illégal qu'elle a passé. Elle a à cet effet non pas une action en revendication, car le créancier est couvert par l'article 2279, mais une action en nullité qui, si elle arrive à établir qu'elle a payé avec des deniers indisponibles, obligera le créancier à restituer ce qu'il a reçu ; et cela, quand bien même il aurait consommé de bonne foi, car l'article 1238-2° qui défend toute répétition dans ce cas n'est pas applicable en l'espèce. Le créancier conserverait, bien entendu, ses actions qu'un paiement nul (article 1238-1°) n'a pu éteindre. — Le mari qui aurait payé lui-même la dette de la femme ne pourrait revenir sur l'acte d'administration qu'il a accompli (1), et dans ce cas, la femme seule pourrait agir en nullité du paiement.

En sens inverse, il peut se faire qu'un créancier qui n'a pu obtenir de la femme un paiement volontaire, saisisse un de ses immeubles insaisissables, et en poursuive l'adjudication aux enchères, pour lui se payer sur le prix à en provenir. La saisie ainsi pratiquée est nulle. Mais, disons-le tout de suite, le principe de l'insaisissabilité dotale subit ici une exception, et fléchit devant un principe supérieur. Aux termes de l'article 728 du Code de procédure civile, les moyens de nullité, tant en la forme qu'au fond, contre la procédure qui précède la lecture du cahier des charges, doivent être proposés trois jours avant cette publication. Et la Cour de Cassation décide avec raison que la déchéance prononcée par

---

(1) Voir *supra*, pages 193 et suiv.

cet article 728 repose sur des motifs d'ordre public (sur la nécessité d'assurer la sécurité des ventes judiciaires) qui repoussent toute distinction tirée de la nature de la nullité dont se trouve entachée la saisie, et devant lesquels doit s'effacer la règle de l'inaliénabilité dotale. De telle sorte que, si la femme a été mise en cause dans la procédure de saisie immobilière (sinon, n'ayant pas été appelée à proposer ses moyens, elle peut revendiquer l'immeuble, en demander la distraction, comme le ferait un tiers dont l'immeuble a été indûment saisi ; et cela sans encourir la déchéance de l'article 728 précité) elle peut, par une inaction involontaire, laisser consommer définitivement la saisie, et par un silence voulu et frauduleux arriver à renoncer valablement pendant le mariage à la garantie dotale que lui donne son pacte nuptial. En fait, ce double danger est peu à craindre. Car, d'une part, la femme sera toujours avertie par la publicité donnée à l'expropriation, et d'autre part, les délais de procédure sont assez longs pour lui donner le temps de la réflexion. Du reste, après avoir négligé de s'opposer à la poursuite en expropriation dirigée contre elle, elle peut demander et exiger que le prix à payer par l'adjudicataire lui soit attribué, comme étant le prix de biens dotaux qui ne pouvaient être engagés au paiement de la dette. Pour aboutir à une déchéance complète, il faut enfin le concert frauduleux du mari et de la femme, car aux termes de l'article 2208, la poursuite doit être dirigée contre la femme et contre le mari qui, certes, pourrait au besoin se défendre seul contre la saisie, quoique n'ayant pas l'exercice des actions pétitoires (1).

Cette observation préliminaire faite, quels sont les moyens dont la femme dispose pour écarter la saisie? En supposant que la procédure soit régulièrement intentée, régulièrement conduite, et que la seule objection qui puisse être soulevée contre sa validité consiste dans le caractère spécial de l'objet saisi qui est insaisissable, la femme commune en biens peut faire tomber la saisie par un moyen d'action ou par un moyen de défense : par une demande en distraction ou par une action en nullité. La femme peut prétendre, en effet, que la saisie est pratiquée sur une personne qui, relativement, n'est pas débitrice, et que l'immeuble saisi est, comme celui d'un tiers, étranger à la dette, cause de la saisie. Elle forme alors une demande en distraction qui n'est au fond qu'une revendication incidente à la saisie, revendication poursuivie par le tiers indûment saisi. — Ou bien la femme peut se borner à critiquer la procédure suivie, et soutenir que le rapport qui existe entre le titre du créancier et l'objet saisi fait équivaloir ce titre à un titre frappé, quant à son exécution, de nullité. Et la voie de procédure à employer consiste en une demande ordinaire en nullité de saisie.

Tout d'abord on n'a reconnu à la femme, mariée sous le régime dotal, qu'un seul moyen d'action,

---

(1) En défendant, le mari sauvegarde le droit d'usufruit de la communauté et ne fait pas un acte d'administration.

l'action en distraction (1), moyen qu'on lui refusait du reste pendant le mariage, à raison de l'impossibilité où elle se trouve alors d'exercer les actions pétitoires. Mais comme on voulait arriver à maintenir, dans l'intérêt des tiers, les ventes judiciaires, et éviter en même temps que l'inertie du mari, seul capable d'agir, pût amener la perpétration de la saisie, on en est arrivé à lui accorder l'exercice de l'action en nullité (2) (seul moyen d'action qui lui soit reconnu aujourd'hui), en disant qu'une défense ne pouvait être assimilée à un acte positif et actif d'administration. — Pour la femme commune en biens qui a l'exercice des actions pétitoires, cette difficulté ne se présente pas. Il semble dès lors qu'ayant la faculté et la possibilité d'exercer ces deux actions, elle ait le droit de choisir entre l'une et l'autre, qu'il n'est pas au surplus sans intérêt d'exercer indifféremment.

L'utilité de cette distinction ressort très nettement, si l'on suppose que la femme a constitué plusieurs hypothèques sur cet immeuble insaisissable. Si, restant sur la défensive, la femme forme seulement une demande en nullité de saisie, le jugement rendu n'aura aucun effet au regard des autres créanciers dont les hypothèques ne céderont qu'à de nouveaux jugements, pareillement rendus sur de nouvelles demandes en nullité, provoquées par de nouvelles saisies. Il en serait autrement ; et la chose jugée sur

(1) Voir Cassation, 11 juin 1828 (*S.* tome I, n° 108).
(2) Voir Cassation, 30 avril 1850 (*S.* 50-1-497).

l'opposition à la première saisie atteindrait tous les créanciers hypothécaires, si cette opposition avait revêtu la forme offensive d'une demande en distraction. Lorsqu'une procédure de ce genre se greffe sur la saisie, le saisissant est en effet réputé, sous les conditions qu'indique l'article 725 du Code de procédure civile, y représenter tous les créanciers qui ont hypothèque sur l'immeuble, et le jugement intervenu contre lui fait chose jugée à l'égard de tous (1).

Quoiqu'il en soit, par l'un et l'autre moyen, la femme arrive toujours à décharger son immeuble de la saisie qui avait été indûment pratiquée. Le succès de sa procédure fera respecter le principe de l'insaisissabilité de cet immeuble, et assurera la conservation intégrale de tout cet apport, dont la femme a voulu protéger spécialement l'existence par la stipulation exceptionnelle d'une garantie dotale.

---

(1) Voir Aix, 17 mars 1857 (*D.* 58-2-15).

CONCLUSION

DE LA SITUATION APRÈS LA DISSOLUTION DU MARIAGE DE LA FEMME MARIÉE SOUS UN RÉGIME DE COMMUNAUTÉ COMBINÉ AVEC DES STIPULATIONS DOTALES

L'examen critique de ces différentes stipulations, dont la nature a été discutée et les effets précisés, montre non seulement que la femme mariée sous le régime de la communauté peut valablement combiner le régime qu'elle a adopté pour être la base de son union conjugale, avec des stipulations empruntées au régime dotal, mais fait en même ressortir l'utilité d'une pareille combinaison, qui permet de réunir dans un même contrat de mariage les avantages de ces deux régimes que l'on aurait pu croire réciproquement inconciliables. De plus, la faculté de stipuler ces garanties dotales dans telle mesure que l'on désire, et de leur donner un champ d'application aussi restreint et aussi vaste que l'on veut, permet aux deux époux de se placer entre le régime de la communauté et le régime dotal, et de prendre le degré intermédiaire qui convient le mieux à leurs caractères et à leurs besoins.

Ces garanties dotales aboutissent, pour la femme, dans la mesure où elle les stipule, bien entendu, au droit de faire annuler l'aliénation qu'elle a volontairement consentie, au droit de réclamer un second paiement ou de reprendre l'immeuble aliéné, si le prix de vente versé par l'acquéreur n'a pas été dûment employé; au droit de soustraire ses biens au paiement des dettes contractées, au droit d'exercer enfin son hypothèque légale malgré les renonciations et les subrogations qu'elle a pu consentir.

Ces droits exceptionnels et exorbitants, qui sont la sanction des garanties qu'elle a stipulées, la femme les conserve intangibles pendant toute la durée du mariage; et quoiqu'elle fasse, ils subsistent malgré elle pour le jour où elle voudra les exercer. La séparation de biens qui peut venir dissoudre la société conjugale sans mettre fin au mariage, reste même sans effet sur leur existence et leur efficacité. Un pareil jugement n'a pour résultat que de rendre à la femme l'administration complète de ses biens, administration qu'elle pourra exercer avec ou sans autorisation maritale, selon qu'au préalable il y aura eu ou non séparation de corps. A la dissolution du mariage, la dotalité cesse de plein droit, mais seulement pour l'avenir. Les actes passés pendant le mariage n'acquièrent de ce fait ni plus de validité ni plus d'efficacité ; et, pendant les dix ans qui suivent, la femme ou son héritier, si c'est elle qui prédécède, pourra revenir sur les actes qu'elle a passés au mépris de ses conventions matrimoniales.

Toutefois, cette circonstance que la femme n'est plus engagée dans les liens du mariage, a pour effet de lui rendre sa liberté; et à partir de ce moment, elle peut valablement renoncer, soit expressément soit tacitement, aux garanties dotales qu'elle a stipulées et aux actions en nullité ou autres droits qui en assurent la sanction. Sous ce rapport, la femme mariée sous le régime de la communauté se trouve même dans une situation spéciale. Dans les trois mois et quarante jours qui suivent la dissolution du mariage, la femme, commune en biens, a un droit d'option à exercer (1) : elle doit, ou accepter la communauté qui a existé entre elle et son mari, ou y renoncer. Et l'on pourrait se demander si l'acceptation de la communauté, d'où résulte pour elle l'obligation d'exécuter les engagements dont son mari a pu la grever, n'emporte pas, pour elle, renonciation tacite au droit d'exercer ultérieurement ses garanties dotales contre les créanciers de cette même communauté. Cette question, très complexe et très controversée tout à la fois, se trouve, disons-le tout de suite, sans intérêt pratique. Car si la femme a accepté la communauté, c'est que non seulement le patrimoine en était suffisant, toute déduction faite, pour la remplir intégralement de ses reprises, mais offrait encore, ses prélèvements opérés, une certaine quantité de bénéfices. Dans ces conditions, il importera peu à la femme qui a pu reprendre intégralement ses apports, de ne pouvoir exercer ses droits dotaux, que les résultats heureux de l'association ont rendus inutiles ou au moins superflus. Aussi suffit-il, ce nous semble, d'indiquer briève-

(1) La femme pourrait avoir la même option à faire pendant le mariage, si la communauté se trouvait dissoute par un jugement de séparation de biens ; mais le parti qu'elle peut prendre alors reste sans influence sur le maintien de ses garanties dotales, car, à cette époque, elle ne peut y renoncer.

ment cette controverse, qui n'a plus qu'un intérêt purement spéculatif.

Pour certains auteurs, l'acceptation par la femme de la communauté équivaut, de sa part, à une adhésion complète aux engagements qui la grèvent, et à une ratification générale de tous les actes qui la concernent. La femme acceptante serait, comme l'héritier acceptant purement et simplement la succession qui lui est dévolue, réputée s'être personnellement engagée. Cette assimilation est fausse, selon nous ; et elle se trouve condamnée par l'article 1483 qui, accordant à la femme le droit d'opposer aux créanciers de la communauté son bénéfice d'émolument, refuse par cela même de la considérer comme personnellement obligée vis-à-vis de ces mêmes créanciers.— Les renonciations ne peuvent, du reste, se présumer, et l'acceptation de la femme doit être considérée comme sans influence sur les actes du mari, qui restent nuls ou valables selon la valeur du contrat qui leur a donné naissance. Par son acceptation, la femme confirme son intention d'être l'associée de son mari et exprime la volonté d'en épouser, pour moitié, les résultats actifs et passifs, ses droits personnels restant en dehors. Il s'en suit que, le cas échéant, la femme pourra, comme si rien n'était, faire annuler la vente d'un bien inaliénable ; exercer, pour se payer de ses reprises, son hypothèque légale, y eût-elle renoncé (arrêt de la Cour de Cassation du 28 juin 1847 (*S.* 47-1-493) au préjudice des tiers acquéreurs de son mari, comme à l'encontre des créanciers de la communauté ; faire enfin annuler le paiement ou l'aliénation qui n'auront pas été suivis d'un remploi valable et utile. — Mais, il faut le reconnaître, le bénéfice que la femme sera appelée à retirer de l'exercice de ses droits dotaux pourra être atténué ou même supprimé par l'application de cet autre principe qui oblige la femme acceptante à contribuer pour moitié au paiement des dettes de la communauté. Il en sera ainsi toutes les fois que l'éviction que la femme fait subir au tiers fera naître au profit de ce tiers une action récursoire en garantie contre la communauté. Le montant de cette action peut être inférieur au bénéfice réalisé par la femme ; il peut aussi lui être égal ; et la femme devra en supporter la moitié. Du reste, la femme peut avoir intérêt à maintenir la conservation intégrale de son apport dotal, dût-elle pour cela faire un sacrifice pécuniaire équivalent sur sa part de communauté.

En fait donc, l'acceptation de la communauté pourra aboutir à paralyser en partie l'exercice des droits dotaux, mais cela sans inconvénient pour la femme qui a été préalablement remplie de toutes ses reprises. — Mais si au contraire, la communauté est mauvaise, la femme trouvera dans l'exercice combiné de ses droits de femme dotale et de femme commune le moyen de se retirer indemne de l'association qu'elle avait faite avec son mari. A cette fin, il lui suffira de répudier, par une renonciation, les conséquences, cette fois désastreuses, de l'association conjugale, et d'avoir ensuite le courage de refuser aux tiers importuns toute concession ou renonciation sur ses droits dotaux, et d'exercer les actions qui lui compètent, pour faire rentrer dans son patrimoine les biens qui en sont indûment sortis.

Ces observations, dont l'application pratique servira à établir les résultats définitifs de la liquidation que nécessite la dissolution de l'association conjugale, nous amènent à conclure ; car il est de principe universel que c'est aux résultats que produit une institution, qu'on en apprécie la valeur. La conclusion qui se dégage naturellement de cette étude est, ce me semble, la justification de l'incontestable utilité de ces régimes de combinaison, où l'on allie la communauté avec la dotalité. En adoptant le régime de la communauté comme base de leur association pécuniaire, les conjoints stipulent un régime de liberté qui, facilitant leurs efforts, favorise leur prospérité ; et en même temps, ils obéissent à cette loi naturelle qui exige qu'à la société de personnes qui va les unir, soit jointe une société de biens. En corrigeant ensuite les dangereuses lacunes que présente l'adoption pure et simple du régime de la communauté légale, par la stipulation de quelques garanties dotales, ils s'assurent contre les risques de l'avenir, sans pour cela entraver leur liberté d'action. Si l'association pécuniaire qu'ils contractent réussit, les garanties dotales qu'ils auront stipulées ne gêneront pas le mari et resteront superflues pour la femme qui viendra, à bon droit, réclamer la moitié des bénéfices. Si, au contraire, l'association fait de mauvaises affaires, ces mêmes stipulations dotales arrêteront le mari dans sa ruine, et permettront à la femme de conserver intact un patrimoine suffisant pour s'entretenir et élever ses enfants.

Aux parties, maintenant, d'avoir la sagesse, d'apprécier le degré de dotalité qui convient à leurs caractères, et de stipuler le régime de combinaison qui, conforme à leurs besoins, doit tout à la fois leur donner assez de garanties et leur laisser assez de liberté.

Vu :
Le Président de la thèse,
Le 7 avril 1897,
Léon FÉDER.

Vu :
Le Doyen,
Louis VALLAS.

Vu et permis d'imprimer :
Lille, le 9 avril 1897,
Le Recteur,
J. MARGOTTET.

BIBLIOGRAPHIE

ANONYME. . . . . *Gazette des tribunaux*, numéro du 11 mars 1876.

ARGOU. . . . . *Institution au droit français.*

AUBRY et RAU . . . . . *Cours de droit civil français*, tome V.

BARTIN. . . . . *Etude sur le régime dotal.*

BASNAGE. . . . . *Commentaire de la coutume de Normandie.*

BATTUR . . . . *De la communauté.*

BAUDRY-LACANTINERIE. . *Précis de droit civil.*

BELLOT DES MINIÈRES . . *Régime dotal et communauté d'acquêts.*

BENECH. . . . . *De l'emploi et du remploi de la dot sous le régime dotal.*

CHALLAMEL . . . . Article publié dans la *Revue critique de jurisprudence et de législation*, année 1880.

COLMET DE SANTERRE . . *Cours analytique de Code civil.*

DALLOZ. . . . . Répertoire, *verbo*, Contrat de mariage.

DE FOLLEVILLE . . . . . *Contrat de mariage.*

Id. . . . . . . Des clauses de remploi et de la société d'acquêts sous le régime dotal ; *Revue pratique de droit français*, année 1875.

Id. . . . . . . De l'incapacité de s'obliger de la femme mariée : *France judiciaire*, année 1878.

DEMOLOMBE . . . . Article publié dans la *Revue critique de jurisprudence et de législation*, année 1851.

DE VILLENEUVE . . . . . Note insérée au *Recueil des arrêts de Sirey* (SIREY, 1858-1-417).

DURANTON. . . . . *Cours de droits français suivant le Code civil.*

FENET . . . . *Recueil complet des travaux préparatoires du Code civil*, tome XIII.

FERRIÈRES. . . . . *Coutume de Paris.*

Id. . . . . *Science du parfait notaire.*

FUZIER-HERMAN. . . . . . *Répertoire général alphabétique du droit français*, aux mots : Autorisation de femme mariée ; communauté conjugale ; contrat de mariage.

GAUTHIER . . . . Note insérée au *Recueil des arrêts de Sirey* (SIREY, 1857-2-673).

GIDE. . . . . *Etude sur la condition privée de la femme.*

GINOULHIAC . . . . *Histoire du régime dotal et de la communauté en France.*

GUILLOUARD . . . . *Traité du contrat de mariage.*

LABBÉ . . . . Note insérée au *Recueil des arrêts de Sirey* (SIREY, 1887-1-401).

LAURENT. . . . . *Principes de droit civil*, tomes XXI et XXIII.

LYON-CAEN . . . . Notes insérées au *Recueil des arrêts de Sirey* (SIREY, 1876-2-65 ; 1878-2-161).

MARCADÉ. . . . . *Explication théorique et pratique du Code Napoléon.*

Id. . . . . Articles publiés dans la *Revue critique de jurisprudence et de législation*, années 1851, 1852.

MASSÉ. . . . . Note insérée au *Recueil des arrêts de Sirey* (SIREY, 1859-1-402).

MASSÉ, VERGÉ, ZACHARIÆ *Droit civil français.*

MERLIN. . . . . Recueil alphabétique de questions de droit, *verbo*, Remploi.

ODIER . . . . *Traité du contrat de mariage.*

OLLIVIER. . . . . Article publié dans la *Revue pratique de droit français*, tome III.

PONCET. . . . . Note insérée au *Recueil périodique de Dalloz* (DALLOZ, 87-1-49).

PONT (P.). . . . . Article publié dans la *Revue critique de jurisprudence et de législation*, année 1856.

POTHIER. . . . . Œuvres complètes.

RENUSSON . . . . *Traité de la communauté.*

Rodière et Pont. . . . . *Traité du contrat de mariage.*
Roland de Villargues . *De la renonciation à la communauté.*
Seriziat. . . . . *Traité du régime dotal.*
Tessier . . . . *Traité de la dot suivant le régime dotal.*
Toullier . . . . *Droit civil suivant l'ordre du Code.*
Troplong . . . . *Commentaire du titre du contrat de mariage.*
Valette. . . . . *Mélanges de doctrine et de jurisprudence.*
Vavasseur . . . . De l'incapacité de s'obliger dans un contrat de mariage : *Revue critique de jurisprudence et de législation*, année 1878.

TABLE DES MATIÈRES

PREMIÈRE PARTIE

De la combinaison du régime de la communauté avec le régime dotal

DEUXIÈME PARTIE

Des stipulations réalisant une combinaison du régime de la communauté et du régime dotal

---

CAMBRAI. — IMPRIMERIE FERNAND ET PAUL DELIGNE 87.997

ERRATA

Page 38,	ligne 24,	au lieu de 1397,	lire 1387.
— 86,	— 29,	— immobilières,	— mobilières.
— 86,	— 30,	— mobilières,	— immobilières.
— 87,	— 19,	— 1449,	— 1421.
— 112,	— 22,	— 589,	— 585.
— 130,	— 23,	— séparation des biens,	— de biens.
— 136,	— 18, pas de guillemets après oui.		
— 136,	— 26, pas de guillemets après effet.		
— 145,	— 30,	au lieu de ou,	lire et.
— 148,	— 4,	— 2125,	— 2124.
— 170,	— 3,	— en,	— ou.
— 199,	— 22,	— 1473,	— 1493.
— 207,	— 1,	— celle-là,	— celles-là.
— 235,	— 7,	— en même,	— en même temps.

www.ingramcontent.com/pod-product-compliance
Ingram Content Group UK Ltd.
Pitfield, Milton Keynes, MK11 3LW, UK
UKHW020134220726
13923UKWH00001B/153

9 782019 652456